很大很美的教室

——诗意语文课堂的构建艺术

大夏书系·语文之道

董一菲 胡 艳 孙奇峰 / 主编

华东师范大学出版社

·上海·

图书在版编目（CIP）数据

很大很美的教室：诗意语文课堂的构建艺术／董一菲，胡艳，孙奇峰主编．
—上海：华东师范大学出版社，2024. — ISBN 978-7-5760-5299-2

I. G633.302

中国国家版本馆 CIP 数据核字第 20249X3H94 号

大夏书系 | 语文之道

很大很美的教室——诗意语文课堂的构建艺术

主　　编	董一菲　胡　艳　孙奇峰
策划编辑	卢风保
责任编辑	张思扬
责任校对	杨　坤
封面设计	淡晓库

出版发行	华东师范大学出版社
社　　址	上海市中山北路 3663 号　邮编 200062
网　　址	www.ecnupress.com.cn
电　　话	021-60821666　行政传真 021-62572105
客服电话	021-62865537
邮购电话	021-62869887
地　　址	上海市中山北路 3663 号华东师范大学校内先锋路口
网　　店	http://hdsdcbs.tmall.com/

印 刷 者	北京季蜂印刷有限公司
开　　本	700×1000　16 开
印　　张	14
字　　数	200 千字
版　　次	2024 年 12 月第一版
印　　次	2024 年 12 月第一次
印　　数	4 100
书　　号	ISBN 978-7-5760-5299-2
定　　价	62.00 元

出 版 人　　王　焰

（如发现本版图书有印订质量问题，请寄回本社市场部调换或电话 021-62865537 联系）

编 委 会

主　编：董一菲　胡　艳　孙奇峰

副主编：刘　冰　刘冬英　丁丽洁　杨苏洲

编　委（排名不分先后）：

丁克松　王青生　毛洪彬　史世峰　曲福利

刘冬英　刘　亚　刘洪涛　孙　博　杨发鑫

张远超　张肖侠　张　茵　张显辉　张艳霄

张菲菲　张艳艳　陆　晶　郑　枫　崔桂静

蔺丽燕　丁丽洁

目 录

CONTENTS

第一辑　诗意栖居源自教师成长

第二辑　诗意语文课堂的孕育

第三辑　诗意语文课堂的姿态

第四辑　诗意语文课堂的绽放

书意勤渠诗意新

孙奇峰

汉语离不开诗意，犹如草木避不开四季的序演。

汉语浸透着鲜明的民族个性，承载着悠久的优秀文化，积淀着丰富的人文精神。语文教学是平等的精神主体之间的一种生命的对话，一种思想的交谈。课堂教学中涵育着师者的学识与才情，学生的潜质与品行。古希腊学者普罗塔戈说："头脑不是一个要被填满的容器，而是一支需被点燃的火把。"诗意语文这支火把，可以点燃学生的逐梦之灯。

诗意语文，是大语文体系中的英萃，恰如竹，慧藏于根而秀放于叶，有可入诗入画的风仪，有可谱曲填词的底蕴。董一菲老师是诗意语文的倡导者。在语文教学的人文芬芳中，她潜心躬耕，聚焦诗意，斐然成名，著述颇丰。尤为难得的是，她30年来始终坚守着一方讲台，在学子的豁然中欣然，在课堂的悠然中畅然，在文化的恬然中超然。在知行诗意的教学生涯里，她与学生一起眺望诗与远方，与教育同仁共同开启尚美求真之门，探究延续和生长，关注本真和希望，种植真诚和梦想。

从2000年诗意初起到2011年工作室成立，再到2022年高歌猛进，如水光阴中，董一菲诗意语文工作室已经成为广大教师的人文栖息地：汇集1000多名中小学语文教师，推出公众号5000余期，公众号有近9万人关注，出书42部，线上交流约300场。这不仅是如诗岁月的馈赠，更是全体成员逐梦人生的辉映。诗意语文工作室始终坚守汉语诗意，丰盈教师灵魂，促进专业成长，提升教学境界，传承优秀文化。他们用温度书写情怀，用高度铸就梦想，用密度养成习惯，用厚度成就课堂，用亮度激励有为，用广度促进成长……诗意语文工作室，是传承优秀文化的生命场。这里，有追寻天籁的情怀，有仰望星空的目光。

"书意勤渠诗意新，清如白雪暖如春。"

诗意语文的教学者，追求语文的唯美与诗意。他们以朝圣者的姿态，引领学生走进经籍，融入诗意，穿越参差的荇菜，觅见浓浓的诗意。他们以逐梦者的步履，引领学生观楚天辽阔，听泽畔清音。他们以传承民族文化为己任，培育学生具有刚直若砥、坚忍若韧的清质，往者难谏、来者可追的秉性，怀美不渝、独立不迁的品格，路漫修远、上下求索的信念。他们秉持着对母语、对学生、对语文的无限热爱，经年坚守，腕携风雷，铺纸为阵，笔墨生香。诗意是他们内心的清源，笔下自然涌动卓尔不群的灵气与神韵。

文字是心灵的折光，直击心灵的行文，本身就闪耀着人性的光辉。无论是知名学者，还是初出茅庐的年轻教师，他们将个体的教学实践灌注在笔尖，凝化为文字，形成了这部《很大很美的教室——诗意语文课堂的构建艺术》。这些生动的案例研究再现了诗意语文课堂的精彩：诗意如唯美的阳光，闪耀在教师个性化的手势上，跃动在教师含蓄的微笑里，蛰伏在教师精彩的点评中，挥洒在教师诵读的经典里。一番点拨，一处妙喻，一种升华，时时充满灵性，处处涌动精彩。学生们就这样"诗意地栖居"在教学情境里，思想之树，尽展鲜活的绿。

日复一日的教学岁月，当时只道是寻常，然而，因为有了一颗颗矢志不渝的师心，一颗颗晶莹剔透的诗心，一颗颗千淘万漉的实心，落笔之际，便具有了非凡的魅力和启人的力量。这些写作者，在成文之前，往往要积累多倍于成文作品的思酌与甄选。他们取材于身边事，自然率真地记写教学履痕，表达心中存集的育人感受。那些形成于课堂之上、师生之间、对话之中、情理之内的教学灵感，让本书具有了强大的亲和力和经久的生命力。可以说，这些作品的结集出版，定格了诗意的山水，留驻了师者的岁月，延续了梦想的热度。

　　谨以此文，向长期付出艰辛劳动的全体作者致意，向优秀卓越的诗意语文人致敬，向伟大的时代中那些肩负教育梦想的伟大灵魂致礼！

很大很美的教室

董一菲

　　一生荏苒书前，倏忽间，从教已三十多年。对教室这个传道授业解惑、师生共同成长的地方，我一直心存敬畏。我希望教室很大，大得盛得下我们纷飞的思绪和浩如烟海的文字；我也希望教室很美，美得我和学生都乐于在这一方天地里用语言和文字润泽精神和灵魂。

　　教室很大很美，这里的诗意语文，阔大而细腻，因为诗意语文一直是审美的、多义的、活泼的和不可穷尽的。我们追求丰富的意蕴、自由的变化和宏大的气象。我们在教室里以美为宗，启人心智，塑其灵魂，唤醒人性。在很大很美的教室里，诗意语文课堂传递给学生的不仅是情感的浸润和诗意的情怀，更是一种理性的观照和思想的成长，引领学生徜徉于古今中外的文化长廊，让学生尽情享受诗文幽深曲折的美，和学生一起在精神的高地诗意地追寻与栖居。

　　教室很大很美，这里的诗意语文，最不缺乏的就是爱与情怀。我们对课堂温度有着偏执的追求。巴赫金说过，人类只有依托语言或话语才能生存、思考与交流。他的对话理论蕴含着平等观念的价值预设，促使自我与世界处于平等的关系，他让我们反思并承认对话双方的主体意义和价值并保持平等状态。在很大很美的教室里，教师一定不是高高在上的，而是俯下身子沉浸书海与学生共同探寻语言文字奥秘。我们没有师道尊严的距离感与约束感，都是阅读者、体验者、发现者。我们读中国的诗歌，读中国的散文，读小我的吟哦，读大我的立起，其乐融融。我们读外国的诗歌，读异域的风情，不同的表达，纷繁而陌生的审美一起在教室里绽放。

　　教室很大很美，这里的诗意语文从来都不排斥他山之玉。我们热切希望用海纳百川来成就这教室里的不废江河万古流。朱永新曾说，一个人的精神发育史就是他的阅读史。很大很美的教室里，诗意语文课堂教学灵动自由，我们使文学、历史、哲学、美学、心理学、教育学等诸多领域的玉髓润物无声地流入教室，涵养出别样的、恢弘的审美气度。汉字之美，文化濡染。诗意语文课堂对汉字有着独有的敏感和品鉴力，一切汉字都是饱含生命力的精灵。诗文之美，润物无声。美的供养，滋润每一个人的心田，诗意语文课堂之美渗透至每一个课堂细节，随方就圆，无处不自在。群文之美，举一反三，营造了恢弘的文化气场，以文晓文，使学生在群文美学海洋里遨游。诵读之美，一咏三叹。"读书百遍，其义自见""读诗百遍，其美自见"，在平仄铿锵、抑扬顿挫中，超越时空所限，实现与古人的唱酬、对答，诵读的表现力正是诗歌的生命力。意境之美，浩荡江天。在问与答中，读与解中，思与辨中，比较与概括中，补充与延伸中，诗意语文课堂大气磅礴的美氤氲而出，我们的教室也是如此美不胜收、庄严华彩。

　　教室很大很美，这里的诗意语文爱多变、善互动，追求教室的宽度。布卢姆断定，人们无法预料到教学所产生的成果的全部范围。我们的教室慢慢演变成少一些预设、多一些生成的境界。在很大很美的教室里，互动多变，自然流淌，教室里充满了灵动与弹性，让师生都享受即兴对话的鲜活与生动。不止于师与生的和谐，生与生的和谐也在这生成中碰撞流淌，一唱三叹中，苦心孤诣而成的教材、以助力学生为己任的教师、顺利达成举一反三的学生，三者的和谐更是让人心魂俱醉。在很大很美的教室里，教材成为精美的纽带，将生活这本大书鲜活地摆在学生面前，课堂就是生活，生活就是课堂，诗意的语文天地有自我、有众生、有天地、有境界，教师、学生和文本，慧眼发现，平等对话，诗意氤氲。诗意语文的教室很大很美，因为这里面承载的是文化，是历史，是生活，是审美，是哲理，是形式多样、意蕴丰富的多变互动，是构筑共生和共赢和谐。

教室很大很美，这里的诗意语文用诗心与浪漫成就风度。荷尔德林说，人生充满劳绩，但还诗意地栖居在这片大地上。拥有一颗诗心，诗化平淡生活外衣下的浪漫，是人生一种可贵而美好的姿态。我们在教室里引导学生学习，最终目的就是教学生学会诗意地生活。在这样的教室里，以真、美、情为初心，追求语文教育之道，探寻生活的浪漫之美。以诗意的眼，对语文课堂凝眸省思，去除暮气与尘滓，去除功利与浮躁，聚焦诗意、原初、情智、共生之道，回归语文，回归课堂，回归生命，诗意呈现更唯美、更本色、更语文、更和谐、更浪漫的课堂，彰显生命活力与气息，丰盈心灵，滋养人生。

教室很大很美，这里的诗意语文用真诚与向善成就亮度。苏霍姆林斯基说，充满教学艺术的课堂，教师青春常在，学生如沐春风，课堂春意盎然。这种艺术的本质是美，是诗意，传递给学生的是真诚，是向善。在很大很美的教室里，以教者之诗意情怀，用真诚与善意唤醒学生诗意之灵魂，课堂激扬中有诗意的荡漾、心灵的回响。在诗意徜徉的课堂上，师生一同感受文字之美、文韵之美、文脉之美、文辞之美、文风之美、文体之美、文化之美，把我们的故事、我们的生活、我们的向往融入这语文里、这教室里。这里有善良纯真的翠翠，这里有美丽聪慧的莺莺，这里有泼辣爽脆的红娘，这里更有那说不尽的宝黛钗、家春秋。沉浸在这方教室里，我们都能找到自己的影子，寻觅到蕴藉自己心灵的方式。

教室很大很美，这里的诗意语文用理性与坚守成就高度。阅读丰盈心灵，情智充盈人生。一个好的语文老师，要喜爱阅读并坚持阅读，唯其如此，才能带领学生打开阅读的那扇窗，以自己的诗意智慧去点化学生，以教育智慧启迪学生的心灵。在很大很美的教室里，我们注重以理性与坚守铸就人生底色，培养最纯粹的人。我们倡导以诗意情怀和教育智慧，涵泳、滋养学生的气质和修养，带领学生走进诗意融汇的语文天地，用文学作品中的情感和智慧滋养学生的灵魂。我们喜爱的，是正大端然的老杜和把栏杆拍遍的辛弃疾，是不愿随波逐流的屈原和大有大无的周恩来，是都江堰边百姓的吟唱和古老的秦风兼葭，是那夏日里的最后一朵玫瑰和西风中云雀的低鸣，师生的情怀和素养都会在这理性和坚守中得以升华和提高。

教室很大很美，这里有海的壮阔和博大。美学大师宗白华说，世界是无穷尽的，生命是无穷尽的，艺术的境界也是无穷尽的。在很大很美的教室里，对于诗意之美的教学艺术的探索永无止境，于包罗万象中信手拈来，于自由灵动之上环环相扣，呈现的是一种汪洋恣肆的美的姿态。大容量、大自由、大开阖、大包容、大视角特点，极能体现诗意语文恢弘的美学特征。比如，我们的《诗经》，有优雅的、思念的浅吟低唱，也有那欧洲诗歌的炽热情怀，更有那绘画与美术的百般交融，万般思绪。诗意语文课堂用容量与高效成就密度，涵养大气度、大风范。这种容量与高效，除了体现在内容上，更体现在审美上，是乾坤开阖自由之大美，是重峦叠嶂，是花团锦簇，是千姿百态，是千变万化，是意境开阔，是气象万千。

教室很大很美，这里的诗意语文，热爱活动，用情境成就厚度。保加利亚暗示学家 G·洛扎诺夫说，我们是被我们生活的环境教学和教育的，也是为了它才受教学和教育的。情境教学中的特定情境，提供了调动学生原有认知结构的某些线索，经过思维的内部整合作用，人就会顿悟或产生新的认知结构。在很大很美的教室里，课堂教学重视情境的创设与学生的参与，在身临其境中激发学生认真思考，在学习中更具备主动性，教师则将课堂归还于学生。诗意语文课堂的活动与情境创设，扎根文本，并不断挖掘文本的内涵，从而在情境中获得一种唤醒或启迪。因此，在重新演绎的《背影》中，我们会去关注父亲的深青布棉袍到底是什么颜色，我们会去探究父亲到底为什么会以那般从左向右的姿势艰难摸索，我们才会去思考到底为什么朱自清可以在新文学大系里俯仰天地、吟啸徐行。创意的情境创设，为课堂教学提供了源源不断的张力与生命力，在轻松体验中达成了教学目标和人生的圆熟、静穆。

教室很大很美，对于我们来说，诗意之美的教学艺术的探索永无止境，我们期望可以清晰地感受到中学诗意语文课堂教学范式的蓬勃生命力与审美的张力，如春和气象，静生真意，又如浩荡江天，奔涌而前。对于学生来说，我们希望的不是简单地给予他们一堂堂语文课，而是给予他们一种美的姿态，唤起他们对美和诗意的无尽向往和追求，进而唤醒他们对生活的挚爱和披荆斩棘、乘风破浪的勇气。

教室很大很美，我们，一路同行。

第一辑

诗意栖居源自教师成长

发现诗意，语文可以更美一些

——为什么要研究诗意语文

诗意何处寻？一花一叶一菩提，一颦一笑一暖语……处处诗意，妙在发现。生活与艺术一样，因诗意而美。庖丁解牛，手触足履，砉然向然，莫不中音，妙在达道。摒弃喧嚣，与古物件一同静默，沈从文在欣赏一棵古树、一片芍药花，凝视一件瓷器、一座古建筑时，往往低声自语："啧！这才叫美呐！"

语文亦如艺术，亦是人生，静心观照，发现诗意，原来语文可以更美一些！

初心：诗意与语文

教育是育人的事业，神圣而崇高。肖川教授说："教育就是一个不完美的人带领一群不完美的人走向完美的过程。"语文教育沿循这份神圣和崇高，更多了一份使命与担当，一种传承民族母语的使命与担当。发现诗意，根植语文，尚真尚美尚情，是诗意语文的立道初心。

真——初心之本真自然。祖国语文是我们的精神家园。诗意语文首先是语文，因有诗意之真，更具语文味，是诗意之下本真自然的语文。慧眼得之，诗意自足，这种真，是对我们民族母语的自然传承与发掘，是对历史与当下的真切对照与关注，是对语言文字、文章、文学、文化的本真解读，是教师、文本、学生之间生命对话的真实呈现。诗意语文是仰望星空，也是脚踏大地，是源于本真的守望与坚守！

美——初心之唯美追求。"诗意"给人以美感，诗意语文高扬诗意与唯美，倡导"语文天生美丽，而美和诗意是语文的宗教"，主张语文课应是美丽的集合体，美的语言、美的节奏、美的内涵、美的呈现，合于诗，合于画，合于乐；在审美的视角下，一个汉字，一首诗，如《诗经》或《楚辞》的诗文，以及民族历史代代相传的文化记忆，无不充满岁月的美感。诗意语文以美为宗，寻美思美，师生一同走近文字、文学、文化、文脉、文明之美，在最美母语课堂的熏陶渐染中，沉潜于博大的中国文化与审美体验，培养自觉的审美意识和高尚的审美情趣，培养审美感知和创造表现的能力。

情——初心之浪漫情感。"诗意"带有强烈的抒情意味，诗意语文以爱和诗情为教育底色，注重情感导引和抒发，强调以生命感动生命，回归语文教育的温情与浪漫。教育的本质在于"一个灵魂唤醒另一个灵魂"，诗意语文以诗情激扬，唤醒诗意之灵魂，激扬灵魂之诗意。在语文天地里，融入生命精神感发，师生以文本为纽带，诗意融汇，对话生命，共鸣心灵，致力于在情感课堂上做有温度的语文教育。"以爱的名义，用最美的语言和文字，积淀你们人生最美的灵魂！"这份誓言，这份情感，是诗意语文人内心的赤诚与至爱，更是生命的笃定与守望！

发现诗意，守望真、美、情之初心，发现氤氲在语文中的灵与美，唯其如此，方能进入诗意语文之境界。

艺术：诗意与课堂

语文亦如艺术。语文教学是充满诗意的课堂艺术。诗意语文以真、美、情为初心，追求语文教育之道，以诗意的眼，对语文课堂凝眸省思，去除死板与教条，去除功利与浮躁，聚焦诗意、原初、情智、共生之道，回归语文，回归课堂，回归生命。诗意呈现更唯美、更本色、更语文、更和谐的课堂，彰显生命活力与气息，丰盈心灵，滋养人生，实现学生诗意化成长！

语文教学是一门艺术，没有最好，可以更好！当下的语文教学，呈现出多元化、特色化、个性化的繁荣景象，可谓百花齐放春满园。这是语文教坛之幸，也是语文同仁之幸！善学者，可以取其所长，为己所用。诗意语文，坚持诗意即我，我即语文，仰望星空，脚踏大地，一路而来，留下诗意而坚定的足迹。

因为诗意，所以更唯美。2500多年前，万世师表的孔子，一个真正的仁者之师，与弟子子路、曾皙、冉有、公西华席地而坐。他态度亲和、循循善诱，弟子各言其志、如沐春风，曾皙的"春日游"更是一个诗意理想的境界……这堂人类历史上伟大的课，昭示了诗意课堂的浪漫源头。语文原本诗意，诗意是语文的自然属性，从华夏民族的灿烂文化中来，自先秦诸子、《诗经》和《楚辞》开始，历经汉魂唐魄、魏晋风骨，千回百转，诗意流淌，融注诗意的理想与现实，构筑了我们民族美丽的汉语世界，我们要发现其中的本然诗意。诗意语文课致力于传承优秀文化，再现诗意、深邃而广阔的文化视野，以心灵唤醒心灵，融入生命感发体悟，以生命成就生命，以诗意为课堂之魂，融唯美的追求、情智的对话、浪漫的表达、深情的叩问、机智的点拨、生命的体悟等于诗意语文教学的每一个环节。

苏霍姆林斯基说："充满教学艺术的课堂，教师青春常在，学生如沐春风，课堂春意盎然。"这种艺术的本质是美，是诗意。诗意语文的课堂，高扬诗意唯美浪漫，以教者之诗意情怀，唤醒学生诗意之灵魂，课堂激扬中有诗意的荡漾、心灵的回响。在诗意氤氲的课堂上，师生一同感受文字之美、文韵之美、文脉之美、文辞之美、文风之美、文体之美、文化之美……全方位感知最美母语课堂无穷无尽的魅力！

因为原初，所以更本色。诗意语文坚守"美丽的中文，是我们最美的母语，'汉魂唐魄'是我们母语的灵魂"，注重语文教育的原初性、时代性和传承性，倡导阅读经典、原典，诗意发掘文本，解读文本，力求"原汁原味"，尤其是注重诗教传统，再现古典文化精神。无论是先秦之《诗经》

《楚辞》，还是魏晋之乐府古诗，抑或是唐宋元之诗、词、曲，教学中摒弃泛化、琐碎化、教条化、道德化的解读，尊重作者、尊重文本，强调生命体悟和感发，还原生命张力。在诗意氤氲的语文世界，顺乎自然，顺乎本真，顺乎文理，唯其原初，更彰本色。课堂上，教师借助一个个经典而又充满个性魅力的文本，培养学生热爱我们民族灵魂的语言，发掘文学经典独特的美感和原初意味，透视我们民族的悠久文化和绵长历史，感知那份思想内涵、人文精神和诗意情怀，领略中国文化精神的原初美、自然美和本色美。

因为情智，所以更语文。阅读丰盈心灵，情智充盈人生。一个好的语文老师，要喜爱阅读并坚持阅读，更要有诗意情怀和教育智慧，唯其如此，才能带领学生打开阅读的那扇窗，以自己的诗意情怀去感染学生，以教育智慧启迪学生的心灵。诗意语文课堂注重以阅读铸就人生底色，倡导以诗意情怀和教育智慧，涵泳、滋养学生的气质和修养，主张用充满诗意的语言，带领学生走进诗意融汇的语文天地，用文学作品中的情感和智慧滋养学生的灵魂，进而陶冶学生的情怀，提升学生的素养，彰显语文学科教学育人的人文定位。

《义务教育语文课程标准（2022年版）》指出，"倡导少做题、多读书、好读书、读好书、读整本书，注意阅读引导，培养读书兴趣，提高读书品位"，这是让语文教学复归语文的表现。诗意语文始终坚持以阅读引领教学、引领课堂，激发学生的阅读兴趣，尊重学生的阅读感受，注重让学生在阅读中发现情感和智慧，进而获得审美体验和人文熏陶，引发情感共鸣和智慧碰撞，增进对祖国语文的美感体验。发乎心，止乎情，感知诗情，开启智慧，这就是回归语文的诗意课堂，坚持以情智对话唤醒文本、生命和生活，由衷敬畏语文阅读的仪式感，课堂、师生、文本因诗意而融汇，因情智而充实。

因为共生，所以更和谐。一堂好的诗意语文课，应以和谐作为一个重要的艺术标准，诗意语文课亦"所好者，道也，进乎技矣"。课堂上不止于师与生的和谐、生与生的和谐，更为重要的是呈现教师、教材、学生三者的和谐。在诗意的课堂上，教师以教材为纽带，将"生活"引入课堂，将课堂延伸至生活，将学生引入诗意的语文天地，慧眼发现，平等对话，诗意融汇，逐渐将学生的思考与生命体验等多方面要素融合，内化成为其高阶的思维品质。语文教学的外延是文化，是历史，是生活，是审美，只有教师、教材、学生诗意地融汇，才会有构筑共生、共赢、和谐的诗意天地。

诗意语文遵循大语文教育观，倡导教师、教材、学生相伴相生，三位一体，因共生而共赢，因共赢而和谐。苏霍姆林斯基说："没有一条富有诗意的感情和审美的清泉，就不可能有学生全面的能力发展。"诗意语文课堂建构着眼学生个性化的诗意成长，通过教师、学生、文本的三位一体，诗意融汇，达成教师诗意化的教与学生诗意化的学的共赢共生，师生之间民主对话、诗意对话、和谐对话，追求语文教学中真、善、美的诗意融汇，师生教与学互助相长，丰盈诗意化的生命。

旨归：诗意与人生

语文亦是人生。陶行知先生说："千教万教教人求真，千学万学学做真人。"诗意语文聚焦育人之道，着力发展学生语文核心素养，聚焦语言建构与运用、思维发展与提升、审美鉴赏与创造、文化理解与传承四个维度，呈现的是一种新的更阔大的教育视野。这也昭示着诗意语文之道，从"诗意课堂"走向"诗意生活"，再由"诗意生活"走向"诗意人生"，在发现和丰富真、美、情的过程中，师生共同诗意地栖居，感受文本与生活的唯美与诗意，达到对诗意人生之美的超拔，形成一种人生信仰、追求和生活。

荷尔德林说："人生充满劳绩，但却诗意地栖居在这片大地上。"诗意生活，是人生一种可贵而美好的姿态。引导学生学习的最终目的，其实就是教学生学会生活，尤其是诗意地生活。诗意语文以语文的名义，不忘初心，着眼人生，发现诗意、课堂和生活，以诗心、诗意为课堂灵魂，以文化、文脉为课堂底色，以情感、智慧为课堂主线，聚焦诗心、诗情、诗教、诗性、诗美、诗理、诗境、诗象、诗品九个维度，打造活力、张力、魅力弥漫的诗意语文课堂，打造师生教学相长、共同发展、诗意成长的生命场。

发现诗意，结缘语文，入心、入课、入境，精神感发处，诗意之花正绽放！

（史世峰：就职于深圳外国语学校，诗意语文工作室核心成员、诗意语文理论的主要建构者）

"五自"拓宽成长路，诗意涓涓润心田

——诗意语文"五自"教学研模式探究

语文是诗意的，一位语文教师，当是灵魂的舞者，饱含对汉语言的热爱，不断汲取一切美与智慧，来培育语言的芳华与思想的灵光。在这个过程中，教师的专业得以发展，个人得以成长，成为新课标要求下助力学生素养提升的好老师。

诗意语文期待的教师应该是这样的：拥有一种自由舒展的姿态，有自己的思考与立场，有自信从容的心态，有成长的渴望和坚定的行动，是一个充满生命活力的人、一个灵魂有趣的人。

怎样使工作室成员成为这样的教师，是我们一直在思考的问题。

"五自"探源：诗意有根基

作为诗意语文人精神家园和中学诗意语文课堂研究基地，诗意语文工作室目前已广纳全国 22 个省、4 个直辖市、5 个自治区的近千名小初高语文教师，另有工作室预备群 147 人。

面对这些满腔热情的老师，诗意语文工作室可以为每位成员提供怎样的助力呢？从根本上思考教师的成长，有着多方面的影响因素，简单讲有两个方面：一是自身因素，即内因；二是环境因素，即外因。可以说，教师发展需要找到一个这样的内因与外因和谐共生、相辅相成的组织。这是一个充满生命活力的场。在这个群体中，教师可以围绕自己擅长的教学领域，展开对话与交流，分享经验，共同发展。每个人都主动参与其中，把自己的知识储备、学识素养释放到极致。这个场充分调动群体资源，激发每个人的智慧与自信。诗意语文工作室就力争成为这样的教师学习、成长的家园，成为一间基于满足教师发展需求而组建的很大很美的教室，每个人都是执教者，每个人都是学习者。达成这个目标的必要途径之一就是"五自"教学研模式。

如果把诗意语文看作一棵枝繁叶茂的大树，每个成员都是这棵树上迎风起舞的枝叶，"五自"教学研模式就是为这棵大树源源不断输送营养的根本。什么是"五自"教学研模式呢？它是指工作室成员遵循自主、自愿、自发、自觉、自由的原则，读书、上课、研讨的教学研究模式。

我们先从概念上认识自主、自愿、自发、自觉、自由的本质内涵。

自主指做事情有主见，不受别人支配。自愿指自己愿意而没有受他人强迫去做，是依据自己的主观意愿而做。自发指不受外力影响而自然产生的行为。自觉，指自己有所认识而主动去做，就是有意识地维护、发展自我本体，表现为对自我存在的必然维持、发展。自由是人类自我发展的真实实现。自主、自愿、自发、自觉、自由的本质就是行为主体具有主动应答、选择、发现、思考、策划、行动和反思等行为的主动性，具有关注个人发展、要求自主发展的主观能动性。

自主、自愿，播种梦想之苗。我的成长我做主，自主和自愿体现了生命最原初的愿望，诗意语文人对学习求知充满热情与渴望。在诗意语文百花园里，每个人都因为自主选择、自愿成长，绽放成自己向往的模样：知性如兰，阅读经典，在安静深沉的思考里散发一缕缕幽香；温暖如春，光影流年，在蓦然回首的记忆里捡拾一页页风景；智慧如水，考试前夕，在条分缕析的总结里梳理一道道秘籍；稳重如山，班级领队，在严慈相济的训诫里见证一次次成长……为自己的选择做主，为自己的进步欣欣，想在哪个方向学习成长，就朝着哪个方向迈步奔跑，这是自主、自愿的魅力所在。

自发、自觉，催生诗意之花。自发、自觉体现自我约束的行动力，无需提醒。诗意语文浓厚的读书研究氛围，优秀教师的引领带动，唤醒成员潜在的诗心诗意、自我意识的觉醒，从而迸发出巨大的力量。自发追求，自觉参与，让自己的生活工作更加美好；自发组织，自觉成长，让自己每天都有获得感；自发钻研，自觉读书，让书香陪伴灵魂丰盈；自发探讨，自觉反思，及时保持优点，修正不足。邹韬奋说："自觉有何长处，便当极立保存而更发扬光大；自觉有何短处，便当极力避免而更奋发有为。自觉心所以能成为进步之母者，即在乎此。"这宝贵的自发力、自觉心，正是诗意语文人的进步之源。

自由，是诗意语文追求的境界。以愉悦心情，翩然姿态，共建诗意田园。梁晓声说："文化"是根植于内心的修养，无需提醒的自觉，以约束为前提的自由，为别人着想的善良。诗意语文大家庭的自由也是有前提的，这是一个健康的、充满活力的舞台，可供才华的自由展示、思想的自由交锋、智慧的自由碰撞、情感的自由抒发。

诗意语文"五自"教学研模式促使每位成员自我探索、选择、建构、创造、更新，成为自身的主人。诗意语文工作室传递给老师们的是终身学习的理念，学习是一种内在的精神需求，将成为每个人生命里不可分割的一部分。

"五自"成长：诗意展活力

苏霍姆林斯基说："只有当教师的知识视野比学校教学大纲宽广得无可比拟的时候，教师才能成为教育过程的真正的能手、艺术家、诗人。"教师需要成长。诗意语文工作室的教师因"五自"教学研模式获得了更好的成长。

诗意语文工作室目前有三个大群，有千人规模，成员以一线老师为主，还有教研员、学科专家、报刊编辑等，所有成员都是自愿加入。无论是驰名语文界、全国公认的教育名师，还是初出茅庐、活力四射的青年教师，大家始终谦和踏实，勤勉努力，不断读书、上课、研讨，交流单元教学设计，好课佳作频出。丰富多彩的交流展示平台，让老师们感受到了一种健康成长的愉悦。

自主参与，激发创造力。工作室的活动，老师们有充分的自主选择权，参加的交流活动都是自己有一定理论研究或实践基础的，是自己深有体会的，因此在思考中就有了更多的热情与灵感。如"五自"教学研模式下的线上活动，每个周末，都会有一个栏目进行交流，基本流程为：确定交流主题→招募主持人和交流嘉宾→组建小群研讨准备→大群活动→形成活动文稿→公众号发布。在这个过程中，每一个参与者都是自愿报名，都想在这个过程中锻炼自己、提升自己，希望把最好的成果拿出来与来自全国各地的成员共享。大家会主动翻阅大量资料，阅读经典著作，不断丰富教育智慧，冥思苦想形成文稿，积极主动请教其他老师，反复斟酌修改，在线上活动时，会放下一切事务全身心投入。工作室浓厚的学术气氛和后期的展示跟进，也给每个参与者带来实实在在的收获，极大地调动了参与的热情。往往一次活动的结束就是下一次活动的开始。在上网课期间，变身主播的教师们从跌跌撞撞到轻车熟路，中间经历了太多艰难，也积累了大量宝贵的经验。工作室教师专栏线上活动确定了"我与网课的故事"交流主题，来自全国各地的六位老师就自己上网课的情况展开交流，分享了自己的经验做法、心得体会。这样的活动应时应需，深受老师们的欢迎。

自觉完成，形成持久力。在"五自"教学研模式下，工作室成员对自己想要参与的活动、完成的任务高度重视，全情投入，也就产生了一种强大的持久力。如工作室开辟了教师专栏，每一位教师都可以成为专栏作者，定期提交稿件。如果觉得自己不能坚持，可以随时退出。能够参与其中的，都是经过慎重思考，坚定了在读写中成长的愿望，是个人成长的需求。看似艰苦的写作历程，因为自主、自愿、自发、自觉、自由而成为快乐与幸福的历程，坚持一段时间后，回过头再看自己写过的文字，感到特别自豪。

目前有专栏作者 40 余位，专栏文章内容丰富：有关于教学设计与反思的，如赵彦辉老师的《语文课上的变式训练》；有关于管理策略的，如张平老师的《我和我的学生们》；有关于读书旅行的，如李寅俊老师的《远方有个尼泊尔》……这些文字里，渗透的是诗意语文的精神根脉，涓涓细流，润物无声，引领着一批又一批教师在语文的田园里不断追求。

自由成长，形成凝聚力。在"五自"教学研模式下，大家以一种坦诚的态度相处，互帮互助，抱团成长。工作室成员关系如阳光雨露般和谐融洽，互联网打破了时空局限，工作室经常组织线上活动，给老师们提供交流碰撞的平台，大家无论天南海北，男女老幼，职位阅历，畅谈读书教学，分享人生体会，线上交流，各抒己见，光影流年，读书有得，团队成员在这里找到了个人成长的真实感，找到了语文人应有的情怀。每年一次的诗意语文年会，更是诗意语文人的盛会。从第一届北国宁安到第二届南国曲靖，诗意语文人齐聚一堂，见证诗意硕果，共享诗意美好，畅谈诗意未来。

……

总之，"五自"教学研模式，让每个成员拥有了无限可能。

（崔桂静：就职于中国教育科学研究院朝阳实验学校，诗意语文工作室"校本课程"栏目策划）

博观而约取，厚积而薄发

——诗意语文人的"四有"研修模式

"等闲识得东风面，万紫千红总是春。"诗意语文工作室的创建是为了吸引全国各地有理想、有情怀的一线教师，自主研修，互助成长，滴水汇成河流，形成有影响力的民间专业团体。诗意语文人或是积极参加工作室组织的各类活动，在集体中成长，或是课后自读自研，坚持个人学习。无论哪一种研修方式，都体现出诗意语文人重读书、爱写作，在分享和交流中提升自我的特点。工作室组织的一系列线上线下的研修活动串联起了诗意语文人的成长与生活，从而构成了诗意语文人修炼有法、成长有序、职业有为、生活有情的"四有"研修模式。

修炼有法：读书、写作与行走

"万卷古今消永日，一窗昏晓送流年。"一个人少年时代打下扎实的阅读功底，成年后保持一定的读书量，课堂教学才能洋溢浓浓的书香：诗意雅致的教学语言、广博丰富的教学视野、深刻厚重的教学内容、智慧巧妙的教学拓展。"诗意"是最贴合语文本质的表达，既是教学内容，又是教学风格，更是人生追求。这种追求不仅来自课堂的精研，还有生活的感悟。诗意语文人就要悠然地行走于世界各地，欣赏世界万物，体察人生百态，再用文字积淀生活的感悟，这些又反哺课堂，从而使课堂更加大气、从容。"汝果欲学诗，工夫在诗外。"读书、写作、行走，这些课堂教学之外的修炼比课堂教学本身更重要。

诗意语文工作室现有成员千余名，工作室的读书、写作与行走主要采用线上线下相结合的新型混合研修方式，达到人人皆学、处处能学、时时可学的效果，促进教师的全面发展。日常线上交流以公众号的形式开展，公众号每日分栏目推送，在一线教师中影响甚广。公众号栏目设置丰富，直接与读书有关的栏目是"悦读经典"，注重推介中外经典的教育理论著作，强调教学实践的运用；间接与读书有关的栏目有"文本解读""诗词歌赋"等。公众号每天推送两三个栏目，每个栏目有专人负责征稿和编辑，每天有执行主编负责审核统整。如此有序地组织和管理，使得公众号保质保量按时推送。为了促进工作室的交流，发现、鼓励、培养人才，激发工作室成员的活力，工作室每周六在钉钉群或腾讯会议举办线上交流活动，各栏目分期负责策划宣传和组织。交流活动有海报宣传，有组织互动，次日在公众号推送文字稿供广大教师反复学习。交流研修的效果可以通过实时发言、公众号的留言来反馈，便于栏目负责人和作者改进与提高。

工作室还与出版社、杂志社合作，为广大教师提供优质的写作平台和难得的成长机会。比如与西苑出版社合作出版"诗意语文系列丛书"，与"大夏书系"合作出版《跟教育名家学做教师》《教师临场应对实用技巧》《教师有效沟通实用技巧》，与《黑龙江教育》《云南教育》《语丝》合作开辟"诗意语文"专栏，为多家杂志集体征稿。工作室这一系列的举措为诗意语文人提供了读书和写作平台，使广大一线教师走出教学读书的舒适圈，进行深度的啃读和学术性的写作，也使得诗意语文工作室构建起了一个开放、健康的语文教研生态圈。

光有线上的交流还不够，只有线上线下结合起来，才能增进工作室成员彼此间的了解和友谊，增强工作室的凝聚力，同时多方立体的研修形式更能充分发挥研修的作用，建设健康、有内涵的工作室文化。线下的研修活动就是工作室年会，一般在暑假举行，由工作室成员提出申请，在某一学校举办，内容包括名家讲座、名师论坛、名师送课、一线教师观摩课。

年会成为诗意语文人的聚会。大家从全国各地行至一个共同的目的地，就是为了一个共同的目标——成长。听课学习带来精神大餐，文艺晚会增进友谊的甜蜜，欣赏风景又涤荡心灵。这种行走是专业的行走、文化的行走、情谊的行走。如果说线上的研修活动是延伸万里的日常的读书写作，那么线下的年会则是跨越万里的集中学习。

成长有序：一般成员、栏目负责人、导师

"咬定青山不放松，立根原在破岩中。"成长是一个循序渐进的过程，既需要自身的努力，也需要团队的合作，还需要平台的机遇。对于诗意语文人来说，加入诗意语文工作室可以通过一系列的学习快速成长。

工作室根据栏目设置组织了以栏目为单位的学习社区。各社区以微信群为交流场所，设置栏目宗旨，确定人员分工，设计社区活动，实现资源共享，促进同伴成长。各学习社区中的成员基本分为三类。第一类是一般成员，他们是社区活动的主体，在参与各种社区活动的过程中，不断地交流经验、分享资源、反馈感受，并在这一过程中加强情感沟通。第二类是栏目负责人，也就是社区管理员，他们宏观上调控和引导着社区的正常运行，对社区活动进行规划和组织，协调社区各成员之间的相互协作，使社区成员能够积极地参与活动、分享资源、创建活动，使之完成学习和交流任务。第三类是导师，导师一般是工作室聘请的在全国有影响力的专家，他们是学习社区的重要智慧资源，在活动开展过程中提供指导，以促进社区活动高质高效地开展。学习社区的目标是实现成员之间观点、知识、想法的碰撞与创新，促进资源共享与共同进步。在学习社区中，一般成员、栏目负责人、导师三者的关系密不可分，他们相互协作完成知识内化、资源共享、管理评价等活动。[1]

---

[1] 张京靖. 基于课程的网络学习共同体活动模式及设计研究［D］. 南宁：广西师范学院，2010.

组织各项活动是学习社区的核心任务。以"慧眼看课"栏目为例，学习社区中的成员近百名，栏目负责人一名，栏目编辑若干名，日常活动为征稿、编稿、推送公众号。工作室每月的线上交流是学习社区的重要活动，由栏目负责人设计、组织活动。"慧眼看课"栏目按照初高中每学期的进度，紧扣新课标的精神，推出"名师课堂"专题活动。栏目负责人根据活动专题和教学需求选出当代语文名师的课例，组织大家学习，目的是形成系列活动，促进栏目长远、系统发展，并创造新的学习形式，激发同伴学习热情，小组互助，共同成长。活动形式为学习共研小组，成员写作研课稿件，每周在公众号上发表一篇。栏目还计划每月线上交流一次，交流稿件以活动稿的形式在公众号上发表。具体活动内容为：选择初高中全国名师的视频或文字版的课堂实录，将学习资源分享至栏目的学习社区，向成员发出征集邀请，成员自愿组成学习共研小组，小组长负责组织学习、讨论，完成稿件写作、交流和发表。这种专题活动由线上发起，组织管理、观摩学习和分享交流均在线上完成，线下则由成员自觉自愿完成写作活动，线上和线下实现联动互通。线上活动有效地激发了成员参与社区活动的热情，取得了更好的学习效果；线下学习任务是线上学习任务的延伸、拓展和补充。这种混合式活动的开展实现了学习社区成员之间的协作互动以及知识的深层建构与内化，社区成员通过具体的实践探究活动深入挖掘和探索新知。[①]

学习社区秉着开放、共享、联结、可持续、可拓展的原则，吸引了广大一线教师聚集，分享着各自的专业知识、实践经验和学习见解，使个人智慧通过聚集创造出指数化增长的价值，推动了工作室建设，扩大了影响力。尤其是学习社区的开放性，使得边远落后地区的一线教师有机会参与到互助研讨活动中来。这种资源共享的方式对推动教育公平和终身学习十分有益。

对于积极参加活动，有专业功底和工作热情的成员，工作室通过开办新栏目、策划主编书籍、组织征稿等活动，为老师们提供进一步成长和表

---

① 徐霞，李芳芳，等.网络学习空间支持下的专题教育社区建设模式［J］.数学教育，2018（4）.

现的机会，使他们成长为工作室的核心成员。核心成员有机会代表工作室外出培训讲学。

职业有为：诗意语文人的远方

"衣带渐宽终不悔，为伊消得人憔悴。"诗意语文人追求职业有为，这种有为是唤醒师生诗意的灵魂，传承中华诗意的文脉。

诗意语文的课堂就是要构建一个诗意的生命场。在这个"场"里，教师用诗意的语言和内容，引导学生对诗意的生命和文化进行思考，师生在"场"中问答互动，彼此激发，从而唤醒学生诗意的灵魂，为他们一生的发展奠基。在这样的教育教学生活中，教师的角色并非单一的输出者，他们也从学生身上得到反馈和启发，以此丰厚自己的教育教学思想。所以，诗意语文追求师生生命的同时在场，彼此唤醒，塑造诗意的灵魂。

诗意语文公众号的"教师专栏""班主任专栏""学生园地"，就是这种师生生命场的具体呈现。诗意语文工作室的每个老师都有机会开辟自己的专栏，定期写作，记录教育教学点滴和生活随感。其中，"董一菲专栏""王青生专栏""付超专栏"等已形成品牌效应，在一线教师中产生很大的影响。"班主任专栏"更是将教育和教学紧密结合，使诗意语文人的视野由本学科的教学延伸至整个教育的天空，让教师在更广阔的天地里思考诗意语文的本质和责任。"学生园地"为各学段爱好写作的学生开辟了一方文学园地，这里可以激发学生的写作兴趣，培养学生的文学爱好，成为学生施展才情的百花园。

诗意语文的责任是传承中华诗意的文脉。诗意语文的源头是中华民族璀璨的文化，其中，诗歌又是众多明珠中的瑰宝。中华民族是讲究诗性的民族，传承中华民族的优秀传统文化是诗意语文义不容辞的责任。语文教学长久以来备受诟病，一线教师深陷其中不堪其苦却又找不到方向，诗意语文使老师们在繁复的工作中寻得诗意的千寻瀑和希望的光亮，看到无尽的希望和美好的教育生活。于是，大家汇聚起来，成为越来越闪亮的光芒，勇敢担当，去面对教育的弊病，用微薄之力去影响他人，用专业理想澡雪精神，无限接近教育的彼岸。

为此，工作室开设的"校本课程""慧眼看课""教学设计"等栏目，既立足于基础的课堂教学，又开展富有地方特色和文化品位的专题教学、群文教学、整本书阅读等校本课程的实践和鉴赏，使诗意语文人的教学生活更有创造性、文化性、前沿性。

生活有情：人生自有诗意

"人生自有诗意，诗意美在四季。"语文的外延就是生活的外延，诗意语文的天地里，到处生机盎然。在专业里，诗意语文是一杆独立招展的旗帜；在生活中，诗意语文人懂得爱与美。没有生活之爱，难有语文之美；没有语文之爱，难抵生活之重。诗意语文人的人生，努力把生活过成诗，要像诗人一样，用多情的眼睛欣赏万物；像哲人一样，用通透的灵魂思考世界；像文人一样，用细密的笔尖书写心灵。

诗意语文工作室公众号开设的众多栏目，正是对这种诗意生活的营造。在"光影流年"栏目，用照片和文字记录观影所感、心灵所达；在"朗读者"栏目，用声音传递温情和力量；在"诗词歌赋"栏目，挥洒才情，纵享诗意。

诗意语文工作室是充满庄重的学术态度和激情的职业理想的集体，诗意语文人是兼具理性和感性孜孜求索的追梦人，"博观而约取，厚积而薄发"，通过"四有"研修模式，诗意语文延伸至远方。

"千江有水千江月，万里无云万里天。"让我们心怀诗意，坚定追求，永葆纯真，抵达语文的至高境界！

（刘亚：就职于西北工业大学附属中学，诗意语文工作室"诗意成长"栏目主要负责人）

"掬水月在手，弄香花满衣"

——核心素养下诗意语文的创新力与生命力

语文原本诗意，诗意的语文，思有路，语有神，心有美，胸有境。核心素养下诗意语文的创新力与生命力更是至关重要，学生核心素养的培养在语文教学当中的体现，即通过课程的学习，逐步形成和发展出可适应未来社会发展基本要求的语文思维特质与语文能力。语文学科的核心素养则由语言建构与运用、思维发展与提升、审美鉴赏与创造、文化传承与理解四个维度组成。书海浩瀚，道阻且长。为落实学生核心素养的培养要求，在高中语文教育教学中，教师需适时转变教育理念，不断进行具有学科特色的探究性实践。理论识深度，实践出真知。在师生互动的三尺讲台之下，中学诗意语文课堂呈现出"唯美、诗情、浪漫"的鲜明特征，极富文学性的教学语言、深厚的文化底蕴与创设的审美情境，凡此种种，皆契合发展核心素养的要求。师生共舞的课堂教学，已渐渐内化为文化的共鸣与审美的体验，彰显出别具一格的创新力与生命力。

诗意语文语言构建之美：煦风吹暖展画卷，珠玉拈来满风情

语言表达能力是教学的核心技能，对语言的研究涉及思维、生理、心理、审美等一系列问题。语言能力的提高是一个系统的整体提升，包含思维品质的提升、知识面的拓展、语言技巧的成熟、心理素质的成熟及审美水平的提高等。诗意语文课堂非常注重语言的呈现之美，反复推敲，精雕

细琢。诗意语文课堂教学语言追求"诗化"的表达，充满浓郁的文学气息和浪漫的人文情怀。在教学实践中，课堂语言呈现诗意美、情感美、本色美的特征。

语言的诗意美是诗歌国度最本真的底色，诗意语文课堂语言强调使用语言抓住情感触爆点来感染学生，使用诵读来创设情境，使用唯美的词汇来营造意境，使用背景音乐来烘托课堂气氛，实现情与景的交融，让诗意、诗情、诗韵在语文课上回归，感受语言的精妙、力量与魅力，唤醒学生的语言意识，开启审美的历程。如在《诗的色彩与民族审美》一课中，教师运用了这样的开场白："俄国画家列宾说'色彩即思想'……向日葵的金黄是梵高生命的向往，莫奈用棕色传达自己内心的一缕寂寞和孤独，多瑙河流淌的是施特劳斯的湛蓝，四月的天空飘洒的是诗鬼李贺瑰丽的红雨。"通过富有张力的语言营造诗意的氛围，学生一开始便沉浸其中，感受诗意之美。

语言的情感美是对文本语言内化为课堂语言的量尺。不同情感的教学语言营造出不同的感情基调，可以把学生带入不同的情境之中。诗意语文课堂强调提高教师语言教学的感染力，能够创设感情的气场，唤起学生的求知欲望，从而完成教学预设，产生理想的教学效果。《关雎》中的浪漫唯美、《离骚》中的忧愁幽思、《归园田居》中的淡然闲适、《定风波》中的洒脱旷达、《记念刘和珍君》中的慷慨激愤，在饱含代入感的语言中，教师把自己对文学作品的情感体验，以情传情的方式传递给学生，生成千文千面、多姿多彩的课堂之美。

语言的本色美须兼顾朴素自然与精准得当。本色的语言不需要太多的技巧，它是洗尽铅华后的回归，是语言表达的一种境界。诗意语文课堂的语言本色美是一种单纯、明朗的朴素美，不事雕琢，不纹饰。语言的本色美是语言生命力最活跃的体现，如《涉江采芙蓉》一课中"芙蓉"谐音"夫容"，又如《西洲曲》中"莲子"即为"怜子"，如此简洁明了，一语道破玄机，给学生体会、品味、揣摩的空间，形成独有的审美效应。

诗意语文思维提升之美：曲径探幽寻芳处，可餐秀色醉忘归

思维发展和培养在语文学习中的重要性不言而喻，思维决定表达的方式和思考的特点。在语文课堂上对于思维的培养，主要是通过师生的互动，提升思辨的能力，逐渐形成自己的价值体系，从而达到提升思维的目的。在思维品质培养中，教师春风化雨，言传身教，引导学生建立健康的思维品质。

语言是思维的工具，思维理性美是指闪烁着理性光辉的课堂教学可以唤起学生的理性。在理性思辨下，学生能够更好地带着理性去分析、思考、判断，这对逻辑思维发展起着重要的作用。思维品质的提升又反哺语言能力的提升。诗意语文课堂推崇兼具诗化的语言与理性的思考之美，理性更是在感性充分表达的基础上所要达到的，进而完成教学信息在师生之间高速有效地传递，产生思维碰撞的理性之美。

思维智慧美是指教师的教学过程应处处充满智慧，能时时给学生以启迪，不断引发学生的思考。诗意语文课堂呈现的思维智慧美在于经典文句带给人的启迪，在于课堂生成过程中的随机应变、幽默轻松。幽默的表达会给听众带来愉悦的享受，聆听幽默的教学语言本身就是一种审美活动。幽默是一种智慧，课堂上幽默机智的应变处理，常常能够擦出智慧的火花。如在《伯牙鼓琴》的教学过程中，教师讲至"善哉乎鼓琴，巍巍乎若泰山"处，恰逢屋外雨至，信手拈来"善哉乎鼓琴，珠珠乎雨滴"，令人拍案叫绝。

"水尝无华，相荡乃成涟漪；石本无火，相击而发灵光。"思维的思辨美在于思维的发散与聚合，是教育环节创新力的有力体现。诗意语文课堂重视对学生个性、自由、创造性的追求。学生用个性新颖的方式来发现问题、解决问题，使课堂充满思辨之美和创新之美。为实现这一目标，在实际教学中，教师常常采用设置开放性问题、丰富教学形式与内容、给予正

确科学引导几种策略。开放性的问题，打破思维的固化模式，激发学生的主动性，让学生发散思维，自由想象与思考。教学内容和形式的创新契合当下提倡的"群文阅读""整本书阅读"，课堂内容不必局限于教材，语文教学也不只局限于单一讲授课，为此诗意语文构建了八种不同类型的课堂教学范式，让语文走出条条框框，发挥独有的魅力。思辨之美在于碰撞之后的统一，鼓励创新、创造也绝非放任不管，教师需要及时给予科学、正确的引导，以培养学生健康、优秀的思维品质。

诗意语文审美创新之美：夜静春山桂花落，闲听江畔落鸠声

审美意识是感觉的升华形式，作为人类进行某种动作的直接因素，感觉是学生有效学习的关键。语文课堂本身就该是学生的审美场，教师在设计教学环节时应关注学生对学习材料的感知与认识，帮助学生形成基本的结构表象，升华学生的情感，进而进入审美的领域。在这个过程中，学生通过对美的接触，通过自己的表达方法，创造出相应的美。在对美的审视与创造中，学生的审美能力与创造美的能力得到统一提升。

诗意语文课堂着重对绘画美的呈现，"色彩即思想"，没有哪一幅画面不可以用色彩来描绘，没有哪一种情感不可以用色彩来表达，没有哪一种文化不可以用色彩来渲染。鲜明的对比，强烈的冲击，反复的暗示，如同张艺谋影片中对"大红大绿"的偏执，营造出田园牧歌式的理想、浪漫的诗韵氛围。无论是"红巾翠袖"还是"黑云压城""纤纤素手"……色彩即为文字，色彩即为语言，色彩即为文化，色彩即为美。除了色彩，线条也是绘画美的集中体现。如在《边城》教学中，解读"边城"时，运用数学知识，"边"代表直线，也代表两条边，也可以是三角形的三条边，如此《边城》便具有了几何美。三条边相互作用才构成一个三角形，延伸到人与人之间就变成了相互友爱，倾情相待。

诗意语文课堂音乐美的呈现，不止于简单地选取背景音乐，更在于注

重教学过程语言节奏和韵律的收放自如，更在于注重每一堂课就是一支曲子。《将进酒》是高亢的，《琵琶行》是低沉的，《雨霖铃》是缠绵凄恻的，《念奴娇》是奔放豪迈的……在《边城》一课升华主题时，教师可以运用"赞歌、恋歌、挽歌"的形式深入理解。因本文要表达的是人性与爱，所以可以选择一曲悠扬舒缓的洞箫或土坝的曲子，在音乐中感受湘西，憧憬湘西，完成对审美的创造。

诗意语文课堂注重情境的创设，营造浓郁的情境美，以实现对教材的二次开发与升华，进而完成审美创造。情境创设提供了平等对话的机会，保证课堂学生参与的广泛性与对话内容的生动性、深刻性。充满审美创意的情境，辅之充满技巧与智慧的精彩对话，教师迅速找到学生的闪光点，给予科学点评，作出分析、判断、拓展与升华。在作文课《学习写得深刻》中，教师可以创设学校门口学生放学时"中国式"过马路的情境，由表及里深化为"不文明习惯"，进一步探讨其本质，举一反三，并提出相应建议。于此，教学一气呵成，学生沉浸其中。

诗意语文文化浸润之美：桐花万里丹山路，雏凤清于老凤声

语文学科最鲜明的特点为文化性与艺术性，它是思想文化的另一种展现形式。所以，在语文教学中，教师对学生了解文化与传承能力的培养尤为重要。文化是一个民族生生不息的精神沃土，以文化熏陶人，以文化培育人。中学语文教师需在教学过程中对文化进行传播，培养学生文化传承的能力，进而提升学生的语文核心素养。中学诗意语文课堂肩负文化传播与传承的重任，在深入教学与探索中，呈现课堂文化浸润美、共鸣美的特点。

汉语是美的，美在含蓄。文化的浸润美让语文学习的过程不仅是知识获得的过程，也是陶冶人性与情操、丰富学生情感和精神世界、唤醒心智与灵魂、促进生命成长的文化过程。

这种文化浸润之美，体现在品味汉字文化的内蕴上。汉字，是中华民族文化的活化石，是古人智慧的结晶，它用丰厚的蕴质向后世昭示中华民族悠久的文化和历史的绵长。诗意语文课堂在教学过程中善于挖掘汉字深层内涵，让学生体会汉语文化的魅力。甲骨文"史"下面是一只握着毛笔的手，上面是一支"中"字形的毛笔，那么写历史的人需"中正、客观"。古代数字"九"在最后，意为最大，"五"正好处在九个数字的中间，表示平和，所以称帝王为"九五之尊"，实际是在表达百姓心目中的帝王当属权力最大，同时又是最客观中正的人。汉字文化在一个一个汉字、一笔一画的解读中向世人展示其独有的内蕴美。

这种内蕴美还表现在对于文化的创设迁移上。文化的内蕴美是一种文化渲染一种文化，一种美感染一种美。诗意语文课堂讲求大开大合，随方就圆，任意东西，驾轻就熟，迁移古今中外文化于无痕。比较不同时期的作家作品可以体会不同情感，如《无题》与《钗头凤》《红楼梦》，尽管跨度较大，但以一"情"字相贯穿，毫无牵强，反而在对比阅读中更多了严谨与全面，多了补充和拓展，多了完整与思辨。在比较中，体味文化的差异之美，激发学生产生丰富的文化感悟，提升学生语文素养。

文化传承共鸣之美，在于与文本的超时空对话。诗意语文课堂重视对于文本内涵的挖掘，重视文化共鸣营造的教学氛围。文化底蕴越深厚，对文本解读越深刻，要求教师首先有文化的积淀。食不厌精，脍不厌细，对于文本的解读应是动态的，永远都在臻于至善的路上。"自—生—师"三步解读法是细腻的、典雅的，可以充分挖掘文本中的诗意与美感，带给课堂更多文化的共鸣。反复阅读、品味内涵，阅读的背后是思考，思考越深入，掌握越丰富，驾驭课堂越从容。

春风化雨，润物无声，诗意语文如石韫玉，似水怀珠，在实践中已初具特色鲜明的教育范式，理论研究亦渐趋成熟。它契合高中语文核心素养发展的要求，在语文教学改革的洪流中，如雨后新苗，日见其攀援顺势而上；如空谷足音，柔缓而紧跟时代心率——展现了勃勃的创新力与生命力，在动态发展中日臻完善与成熟。怀一颗明敏善感之心，捕捉潜存于生活、文本中的种种诗意，去唤醒、去交流、去创造，让诗意在语文课堂中静静流淌，轻舞飞扬。

（王青生：就职于北京市人大附中亦庄新城学校，诗意语文工作室"班主任专栏"主编）

观照诗意，任东西南北皆诗意流淌

——如何契合新课标

诗意是一种内心的观照，是一种发现，从潜意识中浮现出内心深处自然流淌的感受，从而给人以美感的意境。诗意语文观照诗意，遵循诗意规则，形成诗意的教学风格，让思想和感情顺着诗意流淌，在潜移默化中发挥润物细无声的育人功能。"诗情画意，只在阑干外，雨露天低生爽气，一片吴山越水。"诗意语文能给人以如诗的感情、如画的意境，让人体味文学作品中蕴含的情趣，通过美感的意境给人以强烈的抒情意味，在语文教学中观照诗意，任东西南北皆诗意流淌。

诗意语文能让课堂灵动而简约

《普通高中语文课程标准（2017 年版 2020 年修订）》指出：语文教育必须同时促进学生思维能力的发展与思维品质的提升；语文教育也是提高审美素养的重要途径，要让学生在语言运用的学习中受到美的熏陶，培养自觉的审美意识和高尚的审美情趣，培养审美感知和创造表现的能力。诗意语文具有灵动而简约的风格，这种风格能使学生语文素养的发展与提升适应新形势的需要。正如苏霍姆林斯基所说："没有一条富有诗意的感情和审美的清泉，就不可能有学生全面的能力发展。"诗意语文并不仅仅是指那些写在书上供人反复吟诵的文学作品，而是指那些在课堂上让师生感受到的生命的绽放、智慧的闪光，以及思想的碰撞、思维的激荡。

诗意语文能够让课堂资源得到充分利用，让课堂灵动而简约。语文课程资源和课外学习资源，包括教科书、教学挂图、电影、广播、电视、网络、图书馆、自然风光、大事要闻等，都可以成为语文的课程资源。作为一名语文教师，我没有盖世的武功可以扭转乾坤，也没有黄河的肺活量呐喊"救救孩子"，只能在我的 45 分钟的课堂上，精打细算，让诗意自然流淌。

诗意语文能够有效开发语文课程资源，让课堂灵动而简约。诗意语文有八种教学范式：充满诗化色彩的诗意语文讲授课；灵动文化盛宴般的诗意语文阅读课；简约设问，缤纷作答的对话式的诗意语文教学课；大容量、大自由、大开阖、大包容、大视角的专题选修课；"至简"作文指导课；堆有"诵读"之声的古今中外诗歌积累课；"摄魂夺魄"的主问题引领课；春蚕食桑式的自主课外读书课。开发语文课资源，这八种教学范式提供了可以借鉴的语文教学模式，利用信息技术，使诗意语文得到广泛认可和推广。诗意语文课堂注重整合资源，既讲究灵动简约，又重视内容丰富，并紧扣语文学科特点。诗意语文课堂要灵动，也要简约，不能把语文课搞成大杂烩，音频、视频、图片随意加入，繁复的课件令人眼花缭乱，或者偏离语文方向，使得语文课不像语文课。语文学科核心素养包括四个维度：语言建构与运用、思维发展与提升、审美鉴赏与创造、文化传承与理解。语文学科要围绕核心素养，紧扣语文是学习语言文字的学科特点。

诗意语文能够充分利用课堂时间，让课堂灵动而简约。诗意语文教学充分利用课堂时间，利用教材，见缝插针，适时点拨。可以在有限的课堂里挤出时间，让学生积累古典诗词，比如大家轮流在黑板上抄写诗歌。要求亲笔书写，这既是对汉字的书写能力要求，也让学生丰富诗词积累，进行美的熏陶。

诗意语文能够整合语文教学资源，让课堂灵动而简约。语文教师要善于整合资源，针对学生的阅读现状，制定相应的阅读任务。整合阅读教学可以是单篇文章阅读教学的整合，也可以是多篇文章阅读教学的整合；既可以是课内教材的整合，也可以是课内外教材的整合；既可以是同一作家不同作品的整合，也可以是不同作家同一题材作品的整合。诗意语文在整合资源方面寻找恰当的契合点，一篇《咏雪》可以引出一部《世说新语》，一篇《林黛玉进贾府》可以引出一部《红楼梦》，由《归园田居》可以赏读田园诗派，由《方山子传》可以整合苏轼作于黄州的作品……带领学生领略中国文化之美，解开蕴藏着中华文化的遗传密码。

诗意语文能够合理开发学生资源，让课堂灵动而简约。语文课程教学还要开发学生资源，把自主学习的空间留白给学生来填补。教学《沁园春·雪》时，要让学生感受到，这是一首气势磅礴的白雪歌。学生填写了很多形容词，如这是一首雄浑的白雪歌，这是一首壮阔的白雪歌，等等。最后点评也交给学生，如学生填写的：一笔出文采，一笔抒豪情，一笔传千古。学生仿写精妙，运用排比，句式工整。诗意语文可以使语文课堂内容庞而不乱，丰盈充实；诗意语文课堂删繁就简，简约而灵动；诗意语文课堂，让学生成为课堂的主人。

诗意语文能铺就学生思想的底色

《普通高中语文课程标准（2017年版2020年修订）》明确了课程性质：为终身学习奠定基础，为传承和发展中华文化、增强民族凝聚力和创造力发挥独特的功能，为培养德智体美劳全面发展的社会主义建设者和接班人发挥应有的作用。诗意语文是精神的语文，是人与人之间精神的对话。诗意语文重视精神熏陶，通过优秀作品的耳濡目染，对学生的精神领域产生影响，提升道德境界，培养审美情趣，启迪人生智慧，丰富文化底蕴，达到立德树人的目的。

以诗意作为学生精神底色铺垫的基础，引导学生的求知欲和好奇心。语文原本诗意，诗意语文是学生精神享受的过程，是为学生的精神生命底色铺垫基础的过程。诗意的语文教学注重用文本的人文精神熏陶学生的情操，注重营造诗情画意的课堂教学氛围，使学生在学习语言文字的同时受到中外优秀文化的熏陶、感染。诗意语文蕴藏着精神的无限自由和生命的无量丰妙。学生徜徉其间，浸润其中，以情悟情，在语文对话中得到精神的滋养，享受生命的愉悦。以诗意引导求知欲和好奇心，培养学生对语文的爱意。诗意语文着眼于学生的成长和个性化发展，让语文陪伴他们的生活、工作和事业。因此，新时代的语文教师要充满诗意情怀，能用诗意感去唤起孩子内心的诗意人生，将自己的教学风格打造成一首诗，激发学生心中的诗意情怀，塑造浓浓的课堂诗情画意。

以诗意培养学生的阅读兴趣和能力，让学生拥有一颗丰盈、饱满的心。语文的学习自然不能缺少阅读，阅读让我们诗意地栖居在大地上，拥有一颗丰盈饱满的心，拥有看待世界深情的双眸，懂得春花秋月那不同寻常的美丽。一位语文老师要热爱阅读，才能培养出热爱阅读的学生。让学生爱上阅读，是语文老师的使命。教师个人的阅读量自不必多言，单就晒出的学生的书单，足以让很多人汗颜和震惊。孩子们涉猎的范围不尽相同，但是热爱读书的本色未改。有的学生侧重于历史书籍、人物传记；有的学生侧重于小说、评论、诗歌、散文，范围广泛；有的学生古今中外都有涉猎，阅读量很大；有的学生主要读中国现代文学，内容丰硕；有的学生偏向于西方名著，书目厚重……中学生时代的阅读史会成为学生未来的精神史，影响可谓深远。学生自主选择的阅读类型成就了他们的阅读爱好，也让他们的学习、生活有了方向和乐趣。

诗意语文能让学生诗意优雅地成长

新的高中语文课程标准给教师指明了方向：语文课程作为一种实践性课程，应着力在语文实践中培养学生的语言文字运用能力。诗意语文主张一种姿态、一种境界、一种品位，正视学生的语文素养。诗意语文不是在意眼前教材中的一文一诗，而是着眼培养学生诗意地成长，由一文一诗延伸到更广阔的阅读空间，由课内延伸到课外，让学生在语文中提升境界，让诗意语文成为其学习、生活的一部分。

引领学生用诗意去开拓语文的美，让学生在诗意中优雅地成长。诗意语文最终追求的是"美"。这是一种浑然天成之美，完全是发乎性情的美，润物细无声，关注学生，立足发展。诗意语文用诗意去开拓语文的美，让美成为学生的一种品位、一种风格。以诗意语文丰富多样的表现形式、明快的节奏，引领孩子走向美的世界，引领孩子在诗意语文中积淀、成长。

让诗意在语文课堂里流淌，让学生立身诗意语文的殿堂，引领学生用诗意的眼光领悟语文，优雅而诗意地成长。语文教育注重培养学生的文化素养，诗意语文能够契合新课标的这一精神要领。在语文课堂上坚定守候，追求"诗意语文"的一种姿态、一种境界、一种品位。超越功利，不汲汲于事功的印证，关注每一个学生优雅而诗意地成长。给学生悲天悯人的情怀，给学生庄严的人间关怀，引领学生用诗意的眼光领悟汉语，传承文化。

由《涉江采芙蓉》引出《古诗十九首》的阅读，让学生了解汉乐府的时代背景和诗歌特征。整合《涉江采芙蓉》，与《上邪》比较，引领学生理解，一冷一热，一淡一浓，一静一动，让学生沉浸在诗意的意境中，领悟不同风格诗歌的魅力。补充《洛神赋》节选诗句的鉴赏，让学生体会三首诗歌在情感表达和语言上的区别。好诗不是老师讲出来的，而是学生读出来、品出来的。老师用诗意的语言引导，学生用诗意的语言解读，整节课诗意流淌，师生徜徉在诗歌的大花园里流连忘返。由一首诗引出一首首诗歌，呈现的是不同阶段的诗歌之美。

总而言之，诗意语文能够整合、开发和充分利用语文教学资源，让课堂灵动而简约。诗意语文也能够让语文铺就学生思想的底色，引导学生的求知欲和好奇心。诗意语文还能引领学生用诗意的眼光领悟语文，让学生诗意地、优雅地成长。观照诗意，在语文教学中任东西南北皆诗意流淌，让诗意语文绽放异彩。

（张肖侠：就职于陕西省宝鸡市渭滨中学，诗意语文工作室"悦读经典"栏目主持人）

第二辑

诗意语文课堂的孕育

万物静观皆可得

——诗意语文课程资源开发

中国是诗歌的国度，《诗经》《楚辞》、唐诗、宋词、元曲已经把承载文学文化的诗歌符号镌刻在民族的血脉中。如果说诗歌是"人心的苏醒"，诗意语文课堂就是唤醒引领、点燃播种、浸染传递，诗意语文教学就是要培养学生核心素养，打造符合时代需求的语文新课堂。《普通高中语文课程标准（2017 年版 2020 年修订）》指出，"构建开放、多样、有序的语文课程""在跨文化、跨媒介的语文实践中开阔视野，在更宽广的选择空间发展各自的语文特长和个性"。多元的课程资源则为多彩多姿、摇曳生花的诗意语文课堂保驾护航。

诗意语文课堂开放、自由、丰富，充满诗化色彩，恰如灵动的文化盛宴。诗意语文的课程资源开发自有其道，仰观天地宇宙，俯察品类万物，举手摘星辰入课堂，俯身拾玉石成课程。

腹中贮书一万卷，更宜融合入课程

叶圣陶先生说："教亦多术矣，运用在乎人。"诗意语文课堂的丰富、丰盈、丰厚，首先来源于教者深厚的专业素养。董一菲认为，每个语文老师都应该有自己的书底儿。扎实的文学素养是开发课程资源的前提条件，无论是经典著作还是文艺理论，都是丰富课程的最佳助力。读书破万卷，下笔如有神；读书破万卷，教学多有神。

"今生今世，来生来世，亿万斯年，地老天荒，做一个国语的、文学的传播者。我的虔诚不亚于所有的狂热的宗教信徒。"[①] 手不释卷地疯狂阅读，笔耕不辍地思考撰书，是语文课程资源开发的基础。

1. 文学理论，点睛之笔

董一菲认为，教师的眼界决定了学生的眼界，"教什么"比"怎么教"还要重要。[②] 诗意语文课程资源的开发，正体现出诗意语文教师的眼界，体现出教师的气概，"这种气概是一种格局，是一种高度"。

一篇好文有文心文脉，一堂好课自然也有其灵魂所在。诗意语文课堂的范式之一就是"摄魂夺魄"的主问题引领，一问"摄文魂"，一问"夺文魄"，诗性而哲理。

以文学理论作提纲挈领的引入，课心易成，课脉易清。董一菲上《阿房宫赋》课以杜牧《答庄充书》中的句子为引入、为线索："凡为文以意为主，以气为辅，以辞采章句为兵卫。"一言既出，主脉已生。恰当地引用文学理论如黄钟大吕，阵阵梵音，可以在点拨时使学生豁然开朗，醍醐灌顶。相关文学理论的课程资源开发，用在课堂结束处则有戛然而止、引人深思之奇效。

课程资源开发，把握文学理论之脉，从文章认识评价的高处入手，生成语文课堂的诗境。这是一种高度，是诗意的高度与向度，是教师给学生构建的课程境界。

2. 同类资源，丰美之源

旁征博引，类比对比，以文解文，以经解经，专业课程资源开发与拓展，是诗意语文课堂丰富多彩的一大亮色。

董一菲的教学设计理念是"让课堂充实而丰美"，让课堂别致，充满弹性。诗意语文在课程开发当中实则虚之，虚则实之。诗意语文课程资源整合，有对文本、文学、文化的本真坚守，也有奇诡瑰丽的想象比对，它是

---

① 林克.盐香风色——董一菲语文教学写意［J］.中学语文，2004（19）.
② 董一菲.寻找语文的诗意与远方［M］.北京：清华大学出版社，2017.

众多文化的交织交融，是不同文化之声的合奏，是很多心灵的交织回响。"对比是一切文学艺术的不二法门，对比可以产生张力，张力就是魅力。"① 综观诗意语文课堂会发现，无比较，不诗意。

诗意语文课堂有重峦叠嶂、花团锦簇、千姿百态、千变万化的美学特征。课程资源开发中重视比较鉴赏，大量同类课程资源的开发与引用，正是对这种美学特征的构建，也是课标中强调的对多样文化的理解、文化自信的来源。从董一菲在《方山子传》教学设计中导入《晏子春秋》《五柳先生传》《史记·游侠列传》与讨论《飘》《基督山伯爵》《浮士德》《瓦尔登湖》《老人与海》《江城子》《项脊轩志》就可以看出，专业素养丰厚的语文教师在课程资源整合上是如何得心应手。古今文化，中外文明，语文教师面对浩瀚如海的人类智慧结晶的选择，决定了语文课堂的高度、深度、广度。诗意语文对课程资源整合的重视与开发，使诗意语文"诗教"之美的特质更加鲜明。从《飞鸟集》导读到《秋颂》，从《逍遥游》到《周亚夫军细柳》，每一堂课都有其飞来之笔，常如羚羊挂角，似无迹可寻，但细细品味，却又无一处不熨帖，无一处不契合。用《红楼梦》为李商隐的无题诗做注脚，《平凡的世界》整本书阅读的多部中外经典著作比较鉴赏，《伯牙鼓琴》26处同类资源引入点拨……诗意语文课程资源汪洋恣肆，给狭窄的心一个大的宇宙。董一菲在《还精深处以精深》一文中说："在行云流水中，孩子们抵达了'痴'的境界。那奔涌的教学智慧，那份清深的举重若轻，一招一式的弹性是语文课的大美。"这是诗意语文资源开发所追求的一种境界、情怀，是没有疆界、没有樊篱的一种延伸与拓展。

掌上千秋史，胸罗百万兵

文史不分家，中华文化中最优秀的历史典籍同样是最顶层的文学著作。

---

① 董一菲.自由呼吸的课堂——董一菲的语文教学艺术［M］.上海：华东师范大学出版社，2019.

历史为文学做注脚，文学为历史做描绘。千秋历史首先被史官大儒们挥写成千秋文学，不晓历史的语文教师何以为师？

诗意语文"课堂的充实而丰美，还体现在课堂设计的'层'与'叠'，层层叠叠、层层不息、叠叠有致"①。即使是那些不以史为文的教学内容，巧妙引入历史资源，以史串解，谈古论今，亦可让繁复的诗意语文课堂向文化更深处漫溯，曲径通幽，柳暗花明。

1. 背景资料，知人论世

"任何一个典型的形象都不可能超越他的国度。"（《平凡的世界》整本书阅读课）

诗意语文课堂是繁复中有畅达、宽厚中有深刻的，是能够直抵问题本质与人的心灵的。诗意语文开发与文本相关的历史资料，以文解文，以史解文，以文识人，以史知人，令教学点拨巧妙自然、举重若轻。董一菲在授课李商隐的《无题》时循循善诱，让学生在牛李党争中，在李商隐幼年失怙的历史材料中逐渐触摸诗人内心的隐痛。在《涉江采芙蓉》的教学中，她把诗歌放在东汉末年大动荡、大黑暗、大转折的时代背景和《古诗十九首》的文学史背景下教学，并将四言诗《诗经》、五言诗《古诗十九首》和七言诗唐诗连成一条中国古典诗歌发展的线。

2. 深谙史料，运筹帷幄

诗意语文在专题阅读上跨文本、跨文体、跨介质，通过大容量、大自由、大开阔、大包容、大视角形成课堂的大开大阖，离不开对于历史资源的运筹帷幄。董一菲在《寻找语文的诗意与远方》中说：让课堂洋溢着文学气、书卷气和强烈的文化认同感、归属感。

波澜壮阔的历史中，文化的印迹越发清晰、深刻。董一菲在《沁园

---

① 董一菲.自由呼吸的课堂——董一菲的语文教学艺术［M］.上海：华东师范大学出版社，2019.

　　　　　　　　　　　　　很大很美的教室

春·雪》的教学中，以历史背景为线，将历史背景、地理场景与豪迈苍茫的自然景色相互交融，引导学生共同勾勒出诗歌之神、之魂。在《归园田居》的教学中，以"陶渊明生活在一个拼才华、拼颜值、拼词藻的时代"的历史背景为引导，通过对比王维、孟浩然等人的作品与朝代，探究陶渊明的风格、品格。诗意语文的历史资源开发绝不喧宾夺主，它立足于学生实际，服务于文本解读，偶尔出场却总能起拨云见日之功用。

最历史的民族，也是最诗意的民族。历史中有宗教，有社会，有他人，有岁月沉淀的审美元素，有深厚的文化记忆。宏大的历史观赋予诗意语文课堂阔大的视角，历史文学的厚度与宽度衍生成思想情感的高度与深度。正如董一菲在《自由呼吸的课堂——董一菲的语文教学艺术》中所说："在旁征博引中与学生漫步低徊于诗人精神的天宇、民族辽远的文化疆界，充实丰美于课堂的每一处眺望和每一次凝视。"

谁持彩练当空舞，笙箫吹尽水云间

"好的课堂应该是活的，活跃活泼，灵活有生命，还应该是有色彩的，五光十色，状难写之物如在目前。好的语文教师应该绘声绘色，将抽象无声的文字激活，让语文释放生机勃勃的生命气息，让语文课充满声音之美、色彩之美，有 3D 电影犹不能及的效果。"[1]

艺术是人类的天性。绘画大师马蒂斯说，谁想献身绘画，谁首先就得通晓语言。可见语言文学与其他艺术之间可以互通互解。作为呈现美、解读美、追寻美的学科，它是不能忽略其他艺术资源的价值的。撷美入课堂，艺术资源开发是诗意语文课程资源开发的一大特色。

---

① 董一菲.自由呼吸的课堂——董一菲的语文教学艺术［M］.上海：华东师范大学出版社，2019.

1. 色彩即思想

董一菲认为，中国的汉字都是有声音、有表情的，诗与文学总有音乐之声、图画之美。好的诗歌一定有画的色彩，一定有画的构图。《诗歌中的红与绿》这节群文阅读课从主题设计到课堂对话，一直让学生在色彩中感悟诗意诗情，觉醒诗心。从绘画到音乐再到诗歌，既枝干分明又旁逸斜出，繁茂复盛；既色彩缤纷多油彩，又翰墨淋漓如国画，充满着诗与乐的和谐之美。

从国画大师审美视角进入鉴赏，让学生从画家角色为文构图，引入相关名画进行比较理解，引导学生进行绘画式的形象鉴赏与创造，都是诗意语文课程资源开发的方法。诗意语文的课堂资源无际无边，处处有意外，随处有惊喜，从而形成多姿多彩、灵动灵活的诗意语文课堂特色。

2. 音乐是思维的声音

"操千曲而后晓声，观千剑而后识器。"所有的诗都离不开音乐，中国文学自有诗意特质，自带音乐属性。诗意语文课程资源开发中，音乐艺术不可缺席。配乐诵读、情境渲染、吟唱诗文已是常态。上《伯牙鼓琴》一课时，董一菲面对六年级的小学生，将课程资源丰富到了极致，周瑜、王维的音乐典故信手拈来，筝、埙、箫、磬、马头琴、琵琶、唢呐、二胡、钟、安塞腰鼓、十大名琴，各种乐器如数家珍、烂若披掌，语文教学呈现出层峦叠嶂、花团锦簇的繁复之美。

董一菲认为，艺术的最高境界是：风力弥满，张力不息。文学、音乐、美术、电影、戏曲、书法、绘画、雕塑、舞蹈、建筑，多媒体时代，语文课程资源如山如海。《义务教育语文课程标准（2022年版）》指出："要拓展学习资源，增强跨学科学习的综合性和开放性。"抓准角度，看清方向，诗意语文课程资源开发，点点浸润，线线交通，诗意语文课堂文文别解、层层掩映、环环相生，自成境界。

诗意语文以深厚的文化底蕴加大对课程资源的开发与整合，以大容量、大自由、大开阖、大包容、大视角构建诗意语文课堂。刘熙载说："文得元气便厚。"诗意语文课堂"千变万化，只说从心上来"，犹如一本本越读越厚的好书，万物静观皆可得，其深博无涯涘，乃《文心雕龙》所谓"百家腾跃，终入环内"者也。

（张茵：就职于广东省东莞市松山湖实验中学，诗意语文工作室群主）

起承转合四重奏，诗意课堂变化美

——诗意语文课堂变化之美微探

元代范德玑《诗格》载："作诗有四法：起要平直，承要春容，转要变化，合要渊永。"后来，清代学者刘熙载《艺概·文概》再一次引申："起、承、转、合四字，起者，起下也，连合亦起在内；合者，合上也，连起亦在内；中间用承用转，皆顾兼趣合也。"对这一说法进行了拓展。"起承转合"是艺术创作常用的结构技巧，也是诗意语文课堂教学变化之美的集中呈现。

诗意课堂之"起"："孤山寺北贾亭西，水面初平云脚低"

"课堂教学的第一个问题设计应追求'平'，这是开启之问，重在'起'，如何恰到好处地设问，是中学语文教师永远的哈姆雷特之问，永远的天问。"董一菲老师如是说。著名特级教师于漪也说："课的第一锤要敲在学生的心灵上，激发起他们思维的火花，或像磁石一样把学生牢牢地吸引住。"

如何起得"平"？如何问得"重"？如何把课堂导入化作一粒火种，点燃学生冷却的思维？如何把课堂导入变成一块磁石，让学生充满期待，紧紧追随？董一菲老师这样做："你喜欢泰戈尔《飞鸟集》这部诗集的名字吗？为什么？你可以说喜欢或者不喜欢。泰戈尔，印度大诗人，东方第一个获诺贝尔文学奖的诗者，《飞鸟集》是他的代表作之一。请同学们踊跃举手发言。"在泰戈尔《飞鸟集》导读课起始，董一菲老师用平淡自然、亲切随和的语言提问学生。这个问题从题目入手，站在学生的认知与理解角度上，用一句"你可以说喜欢或者不喜欢"拉近了教师与学生的距离、学生与文本的距离、学生与课堂的距离。为了帮助学生打开思路，董一菲老师还简笔勾勒式介绍了《飞鸟集》的作者泰戈尔。这个小小"支架"的提供，实则为学生顺利进入文本架起了一座桥梁。

让学生用自己最初的、最真实的想法一步一步慢慢地靠近泰戈尔，走进《飞鸟集》。这样的导入，既降低了回答的难度，又引发了学生各抒己见的表达欲望，让他们的思考和回答紧紧地围绕着这个问题，一步三回首。《义务教育语文课程标准（2022年版）》指出，"从学生语文生活实际出发，创设丰富多样的学习情境""引导学生注重积累，勤于思考，乐于实践，勇于探索""关注个体差异和不同的学习需求，鼓励自主阅读、自由表达"。董一菲老师这节课的导入环节，用家常式的问题，不动声色地鼓励学生去思考、去探索、去表达。"喜欢或者不喜欢"，只要言之有理，只要表达的是"一家之言"，便没有条条框框的约束和限制。

诗意语文课堂之"起"，就是不故作高深，不故弄玄虚，也不拖泥带水。这看似波澜不惊的起始之问，实际是教师反复推敲出来的精打细磨。这个起始之问的最初构思是："泰戈尔的《飞鸟集》的题目有何含义？"同样是问，经过思考比较后的问题，更平白浅近，更平实自然，于无形之中降低了学生走入文本的门槛，为后面的精彩作了蓄势性的铺垫。

诗意语文课堂导入语充满了变数，有的直白浅近、通俗易懂，有的迂回曲折、灵动优美。在《我的空中楼阁》一课中，董一菲老师就用一段句式长短错落的唯美语言，开启了诗意之旅。教师选取了学生熟悉的文化人物，用诗化的语言浓缩提炼出其精神的内核，进而顺理成章地进入了本节课的学习内容，不可谓不巧妙，不可谓不厚重，不可谓不灵动。唯美的教学语言也为整个课堂铺上了瑰丽的色彩。长期如此浸染与熏陶，学生的审美意识、审美情趣、鉴赏品味和创造美的能力就会有大幅度的提升。

"删繁就简三秋树，领异标新二月花。"综观诗意语文课堂，起始之处平平淡淡，简简单单，不张扬，不铺排，不渲染。放下了花树云影，摒弃了喧嚣嘈杂，舍掉了盘根错节，诗意语文课堂的平淡简单背后，是繁华落尽的简约至极，是大浪淘沙的纯真本色，是紧握住语文脉搏的一呼一吸、一静一动、一颦一笑、一沉思一探索。可以说，把握住了语文教学的"简"与"真"，才能构建语文教学的"丰"与"精"。

诗意课堂之"承"："曲径通幽处，禅房花木深"

"承"，有"承载""承接""顺承""承继"之意。关于诗意课堂第二环节的"承"，董一菲老师曾有这样的解说："课堂教学的第二个问题应该是宏观的问题，就整本书而言，一定要关涉到书的主要内容和艺术特色，如能'曲'问以尽致，善莫大焉，这是承接、承继之问，重在'承'。"

1."承"须有"曲"

"承"是延续，是整体上的把握，是全局性的解读。如何借一片落叶进而触摸到整个秋天？显然，长驱直入式地生拉硬拽是根本不能抵达的，要旁逸斜出，须迂回曲折。从思维侧翼寻找思维切入口的"曲问"，不仅会使学生在曲曲折折中迂回地找到答案，而且能够锻炼他们的思维，同时也能提升整个教学过程的品质。

这种"曲径通幽"式的课堂之"承"，在诗意语文掌门人董一菲老师的课堂教学中比比皆是。为了更好地帮助学生理解《朝花夕拾》这个书名背后的深层意蕴和作者的独具匠心，董一菲老师先向学生讲述了雨果《悲惨世界》和司汤达《红与黑》两部作品名字的内涵，花开两朵，各表一枝。这是抛砖引玉，更是迂回之术，目的就在于启发和引导学生在参照中比较，在比较中鉴别，在鉴别中思考，在思考中获得。比较式阅读方法的渗透，是在引导学生学会思辨性阅读和表达，对发展学生批判和发现的能力，增强学生的思维逻辑性和深刻性，提升学生的理性思维水平无不大有裨益。

"曲"与"直"相对。没有考量、没有斟酌、没有沉淀、没有攀登的"直问"，是诗意语文课堂的大忌。"直问"的课堂，是"千丈见底，直视无碍"的一览无余，没有悬念，也没有期待，学生的目光、思维和灵魂，因为"直问"而空洞、混乱、迷惘。"曲问"的课堂，是"山重水复疑无路，柳暗花明又一村"的豁然开朗，有景致，更有惊喜，学生的眼界、品位和思想，因为"曲问"而开阔、高雅、深邃。

诗意语文课堂因为"曲"而别开生面，别有洞天。"曲问"中的一问一答，师生互动，让语文有了厚度，让课堂传递了温度，让生命有了热度，让思考拥有深度。"曲问"之问，尽显语文的风采、教者的魅力。

2."承"要有"层"

"承"是顺势而下，也是过渡之举。诗意语文的课堂变化，就体现在课堂环节的层级性、阶梯性上。课堂教学的"层"，通过什么路径抵达呢？借助什么手段实现呢？通过追问。在"曲"中把握了一篇文章、一本书的主要内容，仅仅是一个开始。诗意语文课堂追求向青草更青处漫溯，渴望撑一支长篙在语文的星辉斑斓里放歌。

诗意语文课堂因追问而水波荡漾，摇曳生姿。在《诗经·郑风·子衿》这节课上，董一菲老师这样追问：

师：同学们，"青青河畔草"这句诗中的"青青"是什么颜色？
生：绿色。
师："堪比那湛湛青天"，天是什么颜色？
生：蓝色。
师：同学们学过朱自清先生的《背影》，体会过那份亲情，那份父爱。父亲穿着深青色布棉袍，"青"应该是什么颜色？
生：深绿色。

生：我觉得是灰色。

生：我认为这件棉袍是深蓝色的。

师：又有人说，老师对我青眼相加。老师的眼睛是什么颜色？或者说，我们中国人的眼睛大多是什么颜色的？

生：黑色的。

董一菲老师追问"青青河畔草""湛湛青天""深青色布棉袍""青眼相加"中"青"所指代的颜色，进而引领学生通过文学语言和生活语言感悟汉字"青"所具有的丰富文化内涵："青"是原色中的调色板，是中国的色彩密码。由文字到文化，在董一菲老师的语文教学中总是这么自然地铺染开来。

董一菲老师认为，既然是语文课，人文学科的东西，没有太多这样或者那样的界限，只要孩子们能听懂、能吸收，只要老师有能力，能展开的地方一定要展开。这里的"展"，其实就是一种属于诗意语文课堂的别具特色的"追问"。课堂在追问中如同画卷一般徐徐展开，美丽的风景渐渐出现在学生的眼睛里，也印刻在学生的心灵上。一连串的提问，一步一步地将学生的思维引向了庭院深深处、芳草萋萋处。学生的认知与思维、接受与质疑、探索与挑战，在追问中不断呈现，不断碰撞，不断推翻与重建。课堂自然而然地走向深处，学生的眼界与思索，也水到渠成般地走向了深处，走向了又一个高处。

追问的过程，是动态生成的过程，也是充满张力和弹性的过程。追问好比石子，一颗一颗接连不断地投进学生的认知世界，于是，课堂有了层层涟漪，有了变化中的动态之美。当然，追问不是漫无目的，不是铺天盖地。诗意语文之追问，是建立在文本与生活的联结之上、学生与文字的联结之上、情感思维与体验实践的基础之上，是通过具体情境的设置、新知与旧闻的交汇，经由"问"，让学生一步一步走向文本深处，走向文字背后，走进作者的灵魂深处。

诗意课堂之"转":"醉漾轻舟,信流引到花深处"

"转"有"转动""转弯""转入"的婉转之姿。诗意语文课堂之"转"是向课堂深处沉潜,向语言深处叩问,途经语言的建构与运用,进而逐层递进,实现思维的发展与提升、审美的鉴赏与创造、文化的传承与理解。由此可见,诗意语文的课堂之"转",是整节课的华彩、咏叹,是师生与文本的多重对话,是灵感乍现,是思维碰撞。

1. 妙笔生花,"转"出诗意的华彩

层层追问让学生拨云见日,渐渐触摸到文本清晰分明的轮廓。如何将学生的所思所得进一步深化和巩固?师生对话、生生对话是一种方式,学生将思考用文字传递出来是另一种方式。

诗意语文的课堂既注重学生思维的发展和提升,也注重学生听说读写能力的有机融合与提升,更注重学生多样化、个性化、自由式的诗意成长。课堂上的写作训练,就是其中之一。研读董一菲老师的不少经典课例不难发现,董一菲老师特别有意识地又不着痕迹地将写作训练嵌入课堂,课堂也由师生对话、生生对话的显性呈现转为学生与文本对话、学生与自我对话、学生与生命和灵魂对话的隐性表达。

在《飞鸟集》导读课上,董一菲老师这样启发学生:"泰戈尔把生死都写得那么简短,我们凭什么把情书写得那么长?最炽热的情感绝不是用长篇大论,那大家代夜给太阳写一封情书吧!"在这之前,教师带领着学生在他们喜欢的诗句里走走停停,说说笑笑,思索着,讲述着,争论着,辨析着。说到"谦逊",董一菲老师用《易经》与西方的话语作比较,话锋一转,行云流水般地就将学生的思绪引到了下一个站点——创造性仿写。

在董一菲老师看来,具有诗意特色的语文课堂,要美美地读,美美地说,美美地思,更要美美地写。写作能力是衡量和评判学生语文综合素养

的重要条件之一，诗意语文课堂高举语文素养之大旗，以学生的生花妙笔为舟、为楫，引渡学生横绝语文的江海，抵达文字、文学与文化至真至善至美的境界。

写作能力，是"听""说""读"三种能力的终极指标，是学生语文核心素养的集中体现。课堂上，让学生将所学、所思、所得在短时间内以文字的形式记录下来，既是对学生思考提炼能力的训练，更是对学生语文核心素养的有益提升。长时间这样的训练，会让学生的语文学习迈上一个又一个新台阶。

《普通高中语文课程标准（2017年版2020年修订）》中明确要求，"结合所阅读的作品，了解诗歌、散文、小说、剧本写作的一般规律。捕捉创作灵感，用自己喜欢的文体样式和表达方式写作"。诗意语文课堂从未忘记这一"光荣的使命"，精心地创设了丰富多彩的阅读情境和清晰精准的写作任务，唤醒学生的写作欲望，点燃学生的写作热情，指引学生朝着既定的写作方向，欢天喜地，阔步向前。

2. 深度对话，"转"出诗意的智慧

语文核心素养有四个维度：语言建构与运用、思维发展与提升、审美鉴赏与创造、文化传承与理解。诗意语文的课堂也是紧紧围绕这四个维度展开的。

董一菲老师在诗意语文课堂上，依托教材"生命生活"引入，带领学生在语文的天地里，深度对话，诗意融汇。在《迢迢牵牛星》一课上，她敏锐地捕捉到学生发言过程中存在的小疏忽和小漏洞，有意为之，反其言而问之。课堂深度对话有了话题，学生深入思考有了对象，也有了动力。在反复研读诗歌的过程中，学生一面质疑，一面从字里行间寻找释疑的蛛丝马迹。师生之间、生生之间的深度对话，让课堂波澜再起，兴味盎然。

语言是思维的外壳，也是课堂的润滑剂、催化剂。富于变化的、闪耀着智慧光芒的课堂语言，能够赋予学生披荆斩棘的力量和勇气、乘风破浪

的自信和昂扬。诗意语文课堂变化之美的源动力，就是极具诗意且智慧的丰富多元的语言形式。

诗意课堂之"合"："曲终人不见，江上数峰青"

结束语通常是教师在课堂结束或者某一教学任务结束时作为收束的语言。结束语可以有不同的风格，以达到不同的教学效果。如有的教师习惯结束的时候回忆归纳，巩固刚才所学内容；有的喜欢点评总结，对所学内容进行归纳概括，并给出自己的评价；有的喜欢过渡预告下次所学内容，以便让学生预习新课；有的喜欢拓展引导，启发学生思考，拓展学生的知识；有的干脆戛然而止，习惯于以布置作业结束。好的结束语通常都紧扣教学内容，用巧妙的语言抓住学生，能让学生更好地理解所学内容，引发更多的思考，给学生更多的情感体验。

简洁有力而震撼人心的课堂结尾，能达到情理之中又意料之外的效果，是"巧合"的艺术和智慧。董一菲老师说，"合"是关合，是合拢，是收尾，是言有尽而意无穷，一定要有穿透力，虽不能至而心向往之。

董一菲老师是这样说的，也是这样做的。在《葡萄月令》一课结束时，董一菲老师引用庄子的话来结束课文："'天地有大美而不言，四时有明法而不议，万物有成理而不说'，让我们敬畏自然，诗意地生存。"言简意赅，精辟的结语很好地契合了文章关于"自然"的主题。同时，用庄子富含哲理的名言让课堂充满理性的思辨之动、智慧的光芒之动，启迪学生去思考人与自然的关系，热爱自然，热爱生活，是对学生形成积极健康的自然观、人生观的熏陶，也是对学生的一种人本主义关怀的教育。

在这一段诗意的课堂结束语中，学生又一次溯流而上，感受到了中华优秀传统文化的持久魅力。这样的结束语，也增进了学生对中华优秀传统文化的全新理解，提升了对中华民族文化的认同感、自豪感，增强了他们的文化自信。这不得不说又是一次精神的洗礼，是对学生世界观、人生观和价值观的重新定位。

诗化的语言是诗意语文课堂教学的一大亮点。用诗化的语言收束整节课，课堂便在盈盈诗意中，走向唯美、空灵、智慧的远方。诗化的语言背后，有怎样的故事，学生在苦苦思索，也在苦苦追寻。带着这份诗意，学生远行的背影里，有了仔细的思量，有了深入的探究，有了不竭的求索。

董一菲老师的课堂，以诗意为线，用起承转合做珠，于峰回路转之间，将一个诗意唯美、灵动丰盈的语文世界、生命世界，呈现在我们的面前。

总而言之，诗意语文的课堂是青春牧场，飞扬着生命，生长着智慧。诗意语文的课堂是诗意氤氲的圣殿，是优雅美丽的合集。诗意语文的课堂，紧贴时代脉搏，牢记时代嘱托，以语文核心素养的四个维度为靶心，以诗意为底色，在起承转合中呈现诗意课堂的万千变化之美。诗意语文的课堂，以心灵唤醒心灵，在起承转合中呈现诗意课堂的灼灼智慧之美。诗意语文的课堂，以生命成全生命，在起承转合中呈现诗意课堂的诗意灵性之美。

（蔺丽燕：就职于内蒙古鄂尔多斯市准格尔旗第九中学，诗意语文工作室"读书有得"栏目编辑）

打造课堂语言，建构诗意课堂

——富于文采的诗意语言

高中语文学科核心素养一共包括四个方面：语言建构与运用、思维发展与提升、审美鉴赏与创造、文化传承与理解。"语言建构与运用是语文学科核心素养的基础"。在语文课程中，学生的思维发展与提升、审美鉴赏与创造、文化传承与理解，都是以语言建构与运用为基础，并在学生个体言语经验发展过程中得以实现的。语文课堂上，教师也是通过语言搭建起学生学习的桥梁。课堂语言是否生动鲜活、是否流畅得体、是否诗意优美，都将直接影响学生听课的效率、接受的效果，甚至会影响学生的语言表达，影响学生的心灵。那么，语文教师要如何做才能使自己的课堂语言更为鲜活，语文课堂充满诗意呢？

观剑识器，以知识学养浸润语言

教育界一度流行一句话："要给学生一杯水，教师要有一桶水。"这句话同样可以用在教师的课堂语言上。"操千曲而后晓声，观千剑而后识器"，教师如果没有丰厚的知识学养和知识储备，又怎么能够有良好的表达？怎么能够有诗意的课堂语言？如何丰富自己的知识学养，打造精彩的课堂语言，建构诗意的语文课堂，是我们面临的一大课题。

1. 丰厚的知识学养是诗意语言的根

教育家叶澜说："一个人的阅读史就是一个人精神的成长史。"作为一位教师，他的课堂语言中藏着他所读过的书。

"雪小禅说过这样一句话：早早晚晚你会和一个人、一种物质相遇。遇见是一个美好的词，是一件欢喜的事。就像贾宝玉遇见林黛玉；就像陶渊明遇到了他的菊；就像席慕蓉在转角处遇到一棵开花的树；就像陆蠡在上世纪 30 年代的北平遇到了他的绿；就像现在，在这个明媚温暖的午后，我在这里遇到了青春正好的你们。很高兴认识你们——初次见面，请多关照。"

一位教师借班教授《囚绿记》，设计了这样一个导入语。在这个课堂导语中，涉及雪小禅的话、《红楼梦》的情节、陶渊明和席慕蓉的诗——应该说这些都源自阅读。将阅读的内容与教授的内容、课堂实际联系起来，课堂语言变得丰富优美，课堂的容量和厚度也都增加了。

"诗意语文的课堂首先追求语言有文学气质。它是一个书底儿，既要站在书的高度上，还要渗透个人的理解，表达个人的情趣和品位，浸染独特的感觉体验和情感，点燃与激活诗性思维与生命激情，凝结成无形的精神。它要有一种浪漫主义和精神向度，要以一种高贵的姿态，坚守美的信念。这是一种品位，在语文教学中呈现出一种审美抒情的境界，追求一种悠然而有余韵的优美和精神，追求语文的诗意、诗境、诗韵。"董一菲老师如是说。

我于是知道，语文课堂语言想要诗意，丰厚的知识学养是根基，而阅读是我们获取知识、丰富学养的必要途径。

2. 博览与精读铸诗意语言的魂

明确了阅读对于一位教师尤其是一位语文教师课堂语言的意义，我们更该知道，到底怎样做、怎样读才能让课堂语言更丰富、更诗意。博览和精读是必需的。博览即是要广泛阅读，横向比较，强调的是阅读视野，是阅读的广度，精读则是针对某一核心，纵向开展，深入钻研，强调的是阅读的深度。不博览就无法开拓课堂的视野，不精读就无法深入对某一内容的理解与把握。

听《登高》一课，讲到"无边落木萧萧下，不尽长江滚滚来"一句，老师说："'百川东到海，何时复西归？少壮不努力，老大徒伤悲'，这是《长歌行》中的句子；'逝者如斯夫，不舍昼夜'，这是孔圣人的教导。中国古人有见流水而感慨时间、感节令而叹惋韶华的情结。'无边落木萧萧下，不尽长江滚滚来'——落木萧萧而下，长江滚滚东流——这是自然的声响，是时光在流淌。诗人杜甫在这个重阳佳节，以多病之身，独自于异乡登高，面对如此宏阔的自然，面对没有停息的时间，内心是何等哀戚？"

因为有对古诗文中"流水"意象的观照与梳理，因为有对古人伤春悲秋情结的把握，因为对相关诗词的阅读和占有，同时又有对这些内容的精读、深思，这位老师才能在课堂上从容援引，把课内外的内容有机地联系在一起。

3. 做一位爱阅读的语文老师

《义务教育语文课程标准（2022年版）》指出："审美创造是指学生通过感受、理解、欣赏、评价语言文字及作品，获得较为丰富的审美经验，具有初步的感受美、发现美和运用语言文字表现美、创造美的能力；涵养高雅情趣，具备健康的审美意识和正确的审美观念。"如何激发起学生的审美感受，增强学生的审美理解，进而引导学生完成审美鉴赏，产生审美欲望和审美表现，显然是我们每位语文老师所面临的最重要的问题。

就语文老师而言，不读书，何以教？一位爱阅读的老师才能有更丰富的识见，更强的审美鉴赏能力，也才能更好地开启学生的阅读之门；一位爱阅读的语文老师才能吸收更多的知识给养，有更丰厚的知识积淀，有更深入的思考，打造更精彩的课堂语言，构建起诗意的语文课堂。

语出"惊"人，以修辞逻辑扮靓语言

有了一定的阅读基础之后，又怎样将自身的知识储备转化为诗意的课堂语言呢？搞清楚这个问题，我们首先要定位什么样的语言才是诗意的课堂语言。诗意的课堂语言要逻辑严谨而周密，措辞简洁而深刻，如果再有一些文学色彩就更好了。那么，如何做到呢？在课堂语言中使用修辞手法是很必要的，而修辞手法繁多，引用、整句等在扮靓课堂语言上尤为重要。

1. 引用让课堂语言深广

博览使我们的阅读视野得以开阔，精读让我们的理解力和思维力有所提升。我们面对一节课的时候，就可以调动我们的知识储备，唤醒记忆中读过的那些内容，在课堂上进行迁移，丰富和拓宽学生的学习视野，做到由课内而课外，由新知而旧识，从而帮助学生构建起自己的知识系统。

董一菲老师在讲授《涉江采芙蓉》时，引用了《山有扶苏》《离骚》《江南》《苏幕遮·燎沉香》《望海潮·东南形胜》《西洲曲》《芙蓉女儿诔》等诗文中写荷花的诗句，她由一首诗而及多首诗，由一芙蓉而知众荷花，将"荷花"这一意象解读得淋漓尽致。

这些引用拓展了学生的思维，增大了课堂的容量，使课堂语言生香，也使课堂内容得以拓展，让语文课堂走向深广。

2. 整句为课堂语言增色

修辞是扮靓语言的法宝，整句则能够让语言更为整齐，有感染力。

白居易的《琵琶行》，写谪居九江的诗人在浔阳江头偶遇琵琶女，听其演奏，又听其一番陈说后，产生"同是天涯沦落人，相逢何必曾相识"的感触。一位老师如是说："在这浔阳江头、瑟瑟秋风中，诗人白居易和琵琶女初次见面，萍水相逢的两个人因为一曲音乐而产生共鸣。琵琶女曾经居于京城，貌美才高，门庭若市，粉丝无数，何等荣光！如今年长色衰，委身商贾，迫于生计，辗转江湖，何其悲凉！而我们的大诗人白居易，当年在京城也是荣极一时，高朋满座，丝竹不绝，位高权重，备受恩宠，此刻却被贬九江，卧病浔阳。两个人，虽然人生经历各有不同，但昔日的荣光无限与今朝的黯然低落是共通的……"这些整齐的句式，让学生很容易将白居易和琵琶女进行对比，从而理解"同是天涯沦落人"这一主题思想。

董一菲老师的语文课上，引用与整句俯拾即是。"郁达夫先生的散文还有画一样的美。……郁达夫的散文，其中有那么多山水，山水中有他的深情，有他的心灵，有他的感受，有他的体验，有他的生命，有一种画一样的美。"这是讲解《故都的秋》一课，她对郁达夫散文的解读。"因为这里有家，有国，有他人，有忧患，有担当，于是老杜是诗圣，辽阔的，无边的，宏大的，深厚的。郁达夫有他的缠绵、温柔，有他的剪不断，理还乱……"彼时，她将杜甫笔下的"无边落木萧萧下"的秋与郁达夫笔下的槐花的落蕊相比较。这些整句，让我们知道，不管是杜甫，还是郁达夫，董一菲老师都是懂得的。

这些整齐的句子，让我们感受到课堂语言的典雅诗意，也让我们感受到这古雅中坚定的力量与绵绵不绝的诗意。

3. 做一位会说话的语文老师

语文老师喜欢阅读，有了一定的知识积淀之后，还要学会表达。民间有句俗话叫"茶壶里煮饺子——有嘴倒不出"。如果老师读了很多书，肚子里有些墨水，但却说不出来、写不出来，换而言之，不能好好地表达出来，别人如何了解和学习呢？学生又怎能懂得老师到底想要表达什么？所以，光有阅读还不够，还要会表达。表达不能胡说、乱写，要有思考，思考是表达的前提。对所读的内容加以思考，甚至将自己的所思、所感随时记录下来，日子久了就会"笔头上"有功夫。书面表达过关了，再练习口头表达。阅读和思考表达的关系其实很密切，只阅读不思考表达就会成为一个

"四脚书橱"，只表达不阅读慢慢就会成为无源之水、无本之木。做一位会"说话"的语文老师就是要将阅读和思考表达结合起来，表达合理合情、清晰顺畅，课堂语言也会因之丰富。

课存高远，以情怀担当架构语言

好的语文课不应该仅仅局限于一课、一时，而应该是生命的教育，是关乎学生一生发展的教育。我们要努力引领学生的诗情诗心，以"生命生活"丰富课堂，将学生引入一个个性化的语文天地。我们要用一己之力，给学生以好的影响，教会他们懂得感受爱，学会爱，有情怀、有责任、有担当。所谓"立德树人"，无非是教导学生成为有道德、有理想、有独立人格和思想的人。

1. 情怀担当是承载课堂的基石

"一个孩子对世界的认知和审美，其人格和心性的塑造，其内心浪漫和诗意的诞生……这些任务，一直是由一门叫'语文'的课来默默承担的。"这是著名媒体人王开岭先生书中的话。我们也由此知道语文老师的责任与使命。我们有必要像董一菲老师那样去唤醒学生对我们这个民族语言和文字的热爱，进而唤起他们对我们这个民族的热爱与担当。我们不能让目光只盯在试卷、分数上，要把目光看向孩子的未来，甚至我们这个民族的未来——起码，语文老师应该这样。

我们要努力把学生培养成一个个人，而不是考高分的机器。把学生培养成一个个人，一个个懂得爱、追求美、向往善，对天地万物有情、对世间苍生有义，有温度、有思辨、有良知、有觉察的人，这是我们应该努力的方向。

"优美的汉字是人类文明的瑰宝。让我们真诚地善待这些文字吧，这些人世间舞动的精灵，否则，它们将如家园遭到破坏的雁阵一样远远飞离。

而当辽阔的秋空再没有整齐的雁阵和雍雍雁鸣，我们的生活也永远再找不回那一份纯净与诗意、唯美与自然。用习惯在键盘上打字的手重新握起笔，让我们习惯了声色的耳朵、眼睛安静下来，用心聆听和欣赏汉字的美丽吧……"

这是我在执教《优美的汉字》时设计的结束语。在这里，我把自己对汉字、对汉语言的深情带入课堂，带入教学，想用我的感受唤醒学生的感受，用我的热爱引领学生对汉字的深情，进而激发学生对中华优秀传统文化的热爱，激发他们的民族自豪感。

学校教育当以育人为先，语文课当以激发情感、培养审美为要。如果情感冷漠，审美缺失，如果不能教学生好好做人，那么即便教师再有学识、再有才华又能怎样？无非是多了个精致的利己主义者。

2. 现实的诗意是诗意语文的方向

诗意语文课堂，诗意心灵之乡，让人无比流连，又无限向往。但走出课堂，我们还是要面对柴米油盐、一地鸡毛。下了语文课，学生也要考试、升学……这些都是非常现实的问题。"现实的苟且"还是"诗和远方"，要"面包"还是要"爱情"，一直是大家讨论的热点。而实际上，现实与诗意、面包与爱情并不完全是对立的。只要我们协调好，可以有一个比较合理的选择。我们的诗意语文也是一样，并非高高在上、不食人间烟火，也并非衣袂翩然、遗世独立，它是和我们这个时代相接轨的，它是我们在沉重现实中的片刻喘息，是我们心之所向。如果您觉得诗意语文仙气十足，甚至少了烟火的味道，如果您觉得它跟考试完全无关，那一定是对它的误读。语文素养与诗意心灵应该成为卷面上更好看的分数，语文素养与诗意心灵更应该成为现实中无数你我永恒的追求与向往。

打造精彩的课堂语言，建构诗意的语文课堂，目的便在于引领更多的人感受诗意、懂得诗意、追求诗意……

"人生充满劳绩，但还诗意地栖居在这片大地上。"同理，现实无处不在，我们因而愈加需要诗意的课堂，而诗意的语文课堂当从课堂语言做起。

"坚持立德树人，增强文化自信，充分发挥语文课程的育人功能"，这是语文课标的基本理念。而语文学习、语文课堂便是立德树人、培养学生"文化自信"的根基与土壤。语文老师任重而道远，语文老师的课堂语言更需锤炼。

（张显辉：就职于黑龙江省大庆市第二中学，诗意语文工作室主要成员）

渲染 · 气象 · 造境 · 留白

——诗意语文课堂建构的诗性"四艺"

　　有论者撰文指出，诗意语文不仅是当下语文的一个流派的指称，更指向一种人格气质、文化涵养、知识体系、历史抱负。诗意语文的旨归不仅在于开启无限想象的诗意空间，也在于从中规划"虽不能至，然心向往之"的语文审美新境界。诗意语文是语文课堂的一种诗意状态，是师生渴望诗意生存的一种生活姿态，是语文人共同期许的一种教学理想。

　　诗意语文的理论建构和教学实践被广泛关注，本文尝试通过爬梳诗意语文真实发生的课堂实录和他人关于诗意语文的课堂研究，注目诗意语文在传承和创新古典文论的重要元素"渲染、气象、造境、留白"的种种作为，丰富诗意语文的内涵和外延。

　　诗意语文课堂建构的表达起于渲染，自成气象，臻于造境，布空留白，余音绕梁，不绝如缕。

入题：诗意渲染

　　渲染是以水墨或淡彩涂染画面，以烘染物象，增强艺术效果的一种中国画的技艺。明代杨慎在《艺林伐山·浮渲梳头》中说："画家以墨饰美人鬓髮谓之渲染。"清代龚自珍的《题盆中兰花》诗之四言："宣州纸工渲染薄，画师黄金何处索？"后来，渲染衍化成文艺创作的一种表现手法，用于物象间的衬托、形容、描写。

入题的方式自然是诗意手法，诗意手法以诗意渲染为主要特征。设计教学情境的过程中，教师可依据学生特点，运用多种教学方法，层层铺衍，精心创设情境，烘托诗意氛围，扩容学生与文本契合点的开掘度，使学生感受到诗意美的存在，营造浓郁的诗意情境，把学生带进文本开放的虚拟空间中。在这个天地里，教师、学生和文本，慧眼发现，平等对话，诗意融汇。语文教学的外延是文化，是历史，是生活，是审美，只有教师、教材、学生诗意地融汇，才会有共生、共赢、和谐的诗意天地。

生成：气象大观

"气象"是王国维《人间词话》中的一个重要概念。在叶嘉莹先生看来，"气象"是"作者之精神透过作品之意象与规模所呈现出来的一个整体的精神风貌"。李铎先生的《论王国维的"气象"》一文专论"气象"问题，明确指出："'气象'是境界的量化概念，是指境界深厚之程度，同时又是与创作主体的修养相关的概念。"①

诗意语文的"气象"有三个向度的表征：真挚的情感、深邃的思想、精当的语言。

诗意语文以爱和诗情为教育底色，注重情感导引和抒发，强调以生命感动生命，回归语文教育的温情与浪漫。诗意语文首先是有爱的教育。构建语文诗意课堂离不开爱的浸润，爱的教育是一种柔性教育，能给学生以鼓舞，让学生在鼓励中感受语文的魅力。所谓"染于苍则苍，染于黄则黄"，倘若学生身在贬斥漠视、冷嘲热讽的学习环境中，心理必然会发生一定的扭曲。诗意语文教学课堂中，爱的言语是真实的、向上的、美丽的，爱的教育是摆脱束缚与愚昧，使语文课堂趋向诗意美。

诗意语文始终关注思想文化的传承和流变。语文原本诗意，诗意是语

---

① 李铎.论王国维的"气象"［J］.济南大学学报（社会科学版），2005（1）.

文的自然属性，从华夏民族的灿然文化中来，自先秦诸子、《诗经》、《楚辞》开始，历经汉魂唐魄、魏晋风骨，千回百转，诗意流淌，融注诗意的理想与现实，构筑了我们民族美丽的汉语世界，我们要发现其中的本然诗意。诗意语文课致力于传承优秀文化，再现诗意、深邃而广阔的文化视野，以心灵唤醒心灵，融入生命感发体悟，以生命成就生命，为课堂立诗意之魂，融入唯美的追求、情智的对话、浪漫的表达、深情的叩问、机智的点拨、生命的体悟，并贯穿诗意语文教学的每一个环节。"诗意语文课堂氛围应该是充满文学气息和浪漫情怀，在诗意的创设中，以缤纷的语言引领学生走向对文化的膜拜，在幽默而又蕴含智慧的思维探索中体悟生活语文的无限魅力。"

诗意语文对教学语言的要求是比较高阶的。有这样一句话："一位好的语文老师并不简单地把语言表达当作是一个简单的语言工具，独特的语言表达方式应成为思维的路径与生命体验的精神符号。"正因如此，诗意语文的课堂语言要求有文学气质。教师要以书为底，既要站在书的高度上，还要渗透个人的理解，表达个人的情趣和品位，浸染独特的感觉体验和情感，点燃与激活诗性思维和生命。教师的语言是一种功力，更是一种品位。诗意语文人正是用这种标准来修炼自己，以期教学语言艺术能焕发出别样的风采。诗意的语言是语文课堂的本色行当，诗意语文致力于用精当的语言唤醒学生的个性思维，共振灵魂课堂。

抵达：情景互融

清代画家方士庶说："山川草木，造化自然，此实境也；画家因心造境，以手运心，此虚境也。虚而为实，在笔墨有无间。"（《天慵庵随笔》）这就是说，艺术家创造的境界尽管也取自造化自然，但他在笔墨之间表现了山苍木秀、水活石润，是在天地之外别构一种奇灵，是一个有生命的，世界上所没有的新美、新境界。

造境的不二法门在于虚实结合，化景物为情思。宋人范晞文的《对床夜语》说："不以虚为虚，而以实为虚，化景物为情思，从头至尾，自然如行云流水，此其难也。"唯有以虚为实，化虚为实，才有无穷的意味、幽远的境界。

理想中的诗意课堂氛围应该是充满文学气息与浪漫情怀，在诗意的创设中，以缤纷的语言引领学生走向对文化的膜拜。在诗意语文实践中，这种诗意的造境也是贯穿一堂课始终的。诗意课堂的造境，不仅要有老师借助课堂场景生发的教育智慧，还有师与生的动态生成与合作交流的势态，更应有指向帮助学生树立生命的意识，有一颗"诗心"，把教材看作一个活生生的文本。譬如借助文本里诗性的语言布设一个文化氤氲的情境，进行一番诗意巡礼，选择与自己灵魂相同的诗意话语重塑审美对象，在此境界里完成与学生一起对话经典人文山水的尝试，使得学生学习语言文字的过程同化为文化获得的过程。

又比如抓牢文本的关键词，旁征博引，对文本的情感内核进行由此及彼的横向贯穿，使情感的内核能够穿越历史的风尘扑面而来，让学生们陶醉与沉浸在这挥之不去的情绪情感中，从而使他们深深地品味到传统文化的魅力，加深对于此种感情的理解与感悟。

余韵：布白留空

宗白华先生说："我们中国人抚爱万物，与万物同其节奏：静与阴同德，动而与阳同波（庄子语）。我们的宇宙既是一阴一阳、一虚一实的生命节奏，所以它根本上是虚灵的时空结合体，是流淌着的生动气韵。哲人、诗人、画家，对于这个世界是'体尽无穷，而游无朕'（庄子语）。'体尽无穷'是已经证入生命的无穷节奏，画面上表出一片无尽的律动，如空中的乐奏。'而游无朕'，即是在中国画的底层的空白里表达着本体'道'（无朕境界）。《庄子》曰：'瞻彼阕（空白处）者，虚室生白'。这个虚白（留白）

不是几何学的空间间架，死的空间，所谓顽空，而是创化万物的永恒运行着的道。这'白'是'道'的吉祥之光（庄子语）。"①

中国传统艺术多讲究留白。空白处更有意味，为思想的生发、情感的延展提供更多空间。

诗意语文课堂建构要像传统山水画一样懂得留白，讲究余韵，留有思考，讲究互动。叶圣陶先生曾说："文学作品往往不是倾筐倒箧地说出的，说出的只是一部分罢了，还有一部分所谓言外之意，弦外之音，至多只能够鉴赏一半；有时连一半也鉴赏不到，因为那没有说出来的一部分反而是极关重要的一部分。"确实，我们在阅读文本的过程中，有时被作者的留白艺术深深折服，感觉到那没有说出的一部分，与作品虚实相间，既为读者留下想象的空间，又含有"曲终人不见，江上数峰青"的韵味。因此，在实际教学中，师生间必须立足文本的自足性，分门别类地给予关注：在小说教学中有效地利用留白，拓展学生的学习研究范围，丰富作品的内涵，甚至可以从作品中挖掘出意想不到的东西，研读文本中的人物，走近人物，启发学生乘着想象的翅膀，运用已有的知识或体验，大胆假设，广泛想象，尽情补白，在文学鉴赏中得到审美愉悦；戏曲教学中关注人物语言的留白，一般通过潜台词来表现，反复品咂，回味无穷。在中国古典戏曲中，潜台词暗示意义不直接说出来，而用非直接性语码来代替所要表达的意义，有一种"言内而意外"之意。欣赏戏剧中的人物对话，我们要特别留意那些看似简单而内蕴丰厚的潜台词，很是值得发掘品味。当然，诗意语文的课堂上，师生间、生生间的问与答、读与解、思与辨、比较与概括、补充与延伸中也有余裕留白的"真空"。恰如苏辙在《论语解》所言："贵真空，不贵顽空。盖顽空则顽然无知之空，木石是也。若真空，则犹之天焉！湛然寂然，元无一物，然四时自尔行，百物自尔生。粲为日星，瀚为云雾。沛为雨露，轰为雷霆。皆自虚空生。而所谓湛然寂然者自若也。""真

---

① 宗白华.美学散步［M］.上海：上海人民出版社，1981.

空"可以达成元气充沛的课堂，助力师生精神的成长，实现师生诗意地栖居，这也正契合了"立德树人"的指向。

"风雅颂""赋比兴"在蓝墨水的源头让《诗经》摇曳生情，弦歌不辍；"渲染、气象、造境、留白"这些传统文化的瑰宝在诗意语文慧眼丹心的熔铸下自成一格，使语文趋近于"以爱的名义，用最美的语言和文字，积淀人生最美的灵魂"，不负我们念兹在兹的痴痴钟情。

（丁克松：就职于湖北省荆州市监利市第一中学，诗意语文工作室执行主编）

很大很美的教室

寻"宗"探"秘"入桃源

——浅谈诗意语文课堂构建的"万变不离其宗"

诗意语文是什么？它是先民吟唱的苍苍蒹葭，是屈子披发行吟表达思慕之情的美人吟，是行云去留无心的悠然南山，是令人醉卧沙场的葡萄美酒，是能庇护天下寒士的广厦华堂，是堪比人娇的西风瘦黄花……语文天生而具诗性，诗意语文就是将要这种诗性之美在课堂上还原、再现、净化、升华，在追寻诗意之美的过程中着眼于立德树人，师生共建心中的"桃花源"，让生命诗意而优雅地存在。

那么，诗意语文究竟怎样构建诗意课堂？在这个理念与实践齐飞、流派与争鸣共存的大变革时代，如何通过诗意课堂去激发学生的诗意情怀？

文化为基，予课堂以厚重

诗意语文洋溢着浓厚的文化气息。融汇世态百相，凝聚人间真情，沉淀历史精华的文化，是诗意语文一个最有魅力的特征，更是诗意语文经营课堂的基础。课堂中唯有充溢了文化的丰盈与厚重，才有了走向诗意的可能，才能找到通往诗意课堂的门径。

文化的丰盈是诗意语文立足的基础，文化的传承是诗意语文人天然的使命。诗意语文工作室日常的交流中，既有诗词歌赋的声声吟诵，也有翻动书页激烈碰撞的淡淡墨香，于无言中传递"仓颉的灵感不灭，美丽的中文不老"那执着的信念；既有逡巡在名师名家课堂中的一双双慧眼，也有踏在中高考前沿的一串串坚实脚印，在实践中延伸着"在细雨下，点碎落花声"的深刻敏感。

正是因为有了这样坚定的信念和对生活的深刻敏感，诗意语文的教师们在课堂上，才能秉承朱光潜先生"一字不肯放松的谨严"精神，去探究语言文字的精巧、精致、精神之美，更由此循着文化之路去探寻对生命本真的诠释。正如以《红楼梦》宝玉爱吃的"胭脂膏子"去解读李贺"燕脂"中蕴含的女子的温柔，借助"可怜无定河边骨，犹是春闺梦里人"去领略"燕脂"传递的将士们舍生忘死的报国豪情……文化的丰盈将无数真实可感的艺术生命引入课堂，而每一个艺术生命都在以自己的方式传递着文化的温度。

文化的厚重是诗意课堂奔赴的言有尽而意无穷的情趣、可意会不可言传的情味、含蓄微妙思之无穷的情韵。三情在，文化在。诗意语文课堂将情趣、情味、情韵洒落在课堂的每一个角落，致力于拓展学生的文化视野，增强其文化自觉，让文化的香氛濡染其心灵。

以文化为基的诗意课堂，流动着书香，洋溢着智慧和理性。诗意语文崇尚经典，这并非人云亦云的鹦鹉学舌，而是在无数次教学实践中，越发体会出经典的魅力——将文化融于每一处细致的描画中，将智慧和真理之光隐于那一个个鲜明生动的形象里。在《阳关雪》中，教师想要启发学生领悟作者"行走在古战场的坟堆中，心中涌起的是艾略特的《荒原》的含义，于是借梵高的《向日葵》铺陈"热闹中刻骨的冷寂"，以"在别人的笑声中出场又在笑声中死亡"去演绎"众生欢畅中的生命的悲哀"，让学生对"荒原"由一个朦胧的印象发展为有一个清醒的认识，逐渐认识到其背后的文化意味与世态人情。唯有这样厚重的文化，这样深刻的人生至理，才能激发学生的深入思考，撑起一节课的厚度。

于漪老师曾经明确指出："教语文，必须站在文化的平台上。"[1]诗意语

---

[1] 于漪.改进语文教学效果的实践探索［J］.上海课程教学研究，2021（6）.

文正是立足于文化，赋予课堂厚重，形成一个以文化为核心的强大磁场，吸引学生不断靠近；搭建起一个引领学生走向精神高地的平台，以诗意的美好激发学生触摸生活美好的愿望，让他们感受麦子拔节般的生命律动，从而引领学生走向对文化的膜拜，借以达到滋养精神、温养品格的教育目的。

寻美为径，予课堂以灵秀

语文天生美丽，美在音律形象，美在情趣意蕴，美在低回婉转，美在睿智高尚，美在灵动自由……诗意的精魂是美，诗意语文的使命就是要以寻找美、呼唤美为途径，在教学中引导学生在文本、文字中去感受美、审视美、创造美，从而赋予课堂以丰美之姿、灵秀之神。

诗意课堂注重复活感性之美，以学生美的体验来呼唤其向美之心。

诗意语文永远不是知识和技法的堆砌，它更强调一种真实自然、感情丰沛的情境意境，是一种对世界发自内心的温柔情怀，故而我们崇尚用最美、最恰切、最深情的语言去描述画面，我们喜欢用最丰富的形象来表达最感人的情思，我们赞美学生能选择最精美的语言来负载所要表达的内容……讲戴望舒的《雨巷》，我们可以有这样柔婉动人的导入："同学们曾经背诵过许多名篇佳句，我们也曾在陆游的诗中伴随着杏花的声声叫卖，漫步于一夜春雨后的寂寂深巷；曾在朱雀桥边、暗淡夕阳中的乌衣巷口，感叹人生的沧桑；也曾和着戴望舒的浅吟低唱在江南悠长的雨巷中彷徨，去寻找心中的那一朵'丁香'。如果说建筑是凝固的音乐，那小巷则是一支柔曼舒缓的小夜曲，每一个音符的流淌都引领我们去体味，去遐想。今天，我们将带着别样的心绪，在柯灵和戴望舒所描绘的江南小巷中徜徉……"这样的诗情画意激励学生展开想象的翅膀，在脑海中构建起江南雨巷的美丽图景，从而生出心向往之的憧憬。

在具体的教学中，无论是入情入境的课堂导语，还是细致入微的文字解读；不管是精巧丰富的旁征博引，还是深入人心的感情激荡……诗意语文都会着力创设一种真实美好、饱含深情的语言情境，营造"纯美"的情境与氛围，让学生在这个情境中去感受和发现，在积极的语言实践活动中提升学生语言运用的品质与能力。

诗意课堂更呼唤一种智慧之美，推动学生完成"向美之心"的重塑。

诗性的智慧之美既不同于简单的感官享受，也不似纯粹的理性思维。它是对历史与现实甚至未来的观照，是对世界的深沉悲悯，是追求真相真理的赤子之心，是心怀天下的包容博爱，是导人求真向善的深沉情怀。向美之心是人最基本的心理特质之一，诗意语文的智慧之美就是要把这种"向美之心"加以强化，使之更明朗，更热烈。正如引导学生读完归有光的"借书满架，偃仰啸歌，冥然兀坐，万籁有声……三五之夜，明月半墙，桂影斑驳，风移影动，珊珊可爱"之后，老师要能以智慧之眼，引导学生感悟到读书的恣意美好，同时关注到中国知识分子的安贫乐道与今日蛰伏、明日冲天的宏愿，从而让其油然生出"窗竹影摇书案上"的生活理想；或者有感于从古至今无数"无双国士"的舍生忘死、为国为民，也能见贤思齐，仰可放眼天下，俯可倾听民众，并为之孜孜努力……而这一切，都有赖于诗意课堂上美境的创设、美情的传递。

所以，课堂上永不停歇的寻美脚步，就是要赋予课堂一种由外而内的灵秀之美，用精确唯美的语言去分析文本之美，用鲜活生动的诗意形象感染课堂，让激情澎湃、婉转低回的情感缓缓漫过心田，直抵其美的内核。由此让千百年来积累下来的美变成学生的心灵财富，变成他们认识世界的审美素养。

唤醒为本，予课堂以生命

语文课堂是驻守着生命的地方，原本该浮动着老师和学生的情绪、灵气和悟性。可是，有多少语文老师在分数和考核面前俯首，在教学中逐渐消散了语文的诗性，黯淡了生命的华彩，从而让自己的课堂陷入僵直、呆板、匠气、繁琐的尴尬境地？

诗意课堂恰恰相反，它滋养生命、涵养性情、尊重个性，让生命得以自由生长。德国著名教育学家斯普朗格曾说过："教育的最终目的不是传授已有的东西，而是要把人的创造力诱导出来，将生命感、价值感唤醒。"诗意课堂以唤醒生命为教育根本，用心灵贴近心灵，用生命去解读生命，还原语文教学的生命意识。

唤醒生命，诗意课堂善用对话传送生命的气息。"水尝无华，相荡乃成涟漪；石本无火，相击而发灵光。"一场有温度、有情感、充满诗意的对话，更容易打通师生之间、学生与文本之间的界墙，从而达到点石成金的效果。比如，给白洋淀的孩子讲《涉江采芙蓉》会问"芙蓉的别名是什么"，让学生在直观的感受中体会芙蓉所蕴含的情思，又在与"莲花""荷花"的对比中体会芙蓉的别有深意；给陕西的孩子上课就问"越女和秦娥的美有何不同"，让学生在比较中去感受强烈的形象与情感的冲击，从而更深切地感悟地方文化的魅力。当教师和学生一起在字词中发掘生命的绚烂，在唯美而诗意的表达中感受生命的潮涌，这场对话一定是平等的、互相欣赏的。师生因对话而思绪飞扬，文本因对话而灵动，课堂因对话而生命蓬勃。

唤醒生命，更源于诗意语文对生命的极致尊重，不仅尊重学生作为独立个体的尊严，更尊重他们的个性张扬、精神自由。

尊重学生个体，是在与学生的对话和交流中，充分理解学生的现有水平与状态，理解他们所在地域的文化特色与他们自身的特殊处境，既能激赏那些神思飞扬、落笔成章的"小才子""小才女"，也能满怀期望地鼓励、引导另一些普通学生去触摸更高层级的美好，并用自己的语言表达领悟，让他们感受成功的喜悦和老师的欣赏，从而收获课堂上的尊严与自信。

在尊重个体生命的同时，诗意语文更强调对张扬个性、精神自由的尊重。语文教学从来不崇尚唯一的正确，诗意语文追求的更是开放性、多义性、个性，追求精神的自足、思想的活跃、独具神采的语言表达。学生在《葡萄月令》这样朴素的文字中不仅能读出闲适，还能读出淡雅、精致、洒脱并各自言之成理，老师也能进行恰切客观的点评，师生互相欣赏，互相启发，互相推动，共同走向鉴赏的巅峰，这样的课堂便是弥漫着生命力的课堂，更具张力和魅力。

马克思说："教育之为教育，正是在于它是一种人格心灵的唤醒。"将平等自由的对话及对生命与个性的尊重放在课堂教学的重要位置，创设一个生机勃勃的生命场，让学生在追寻生活真谛的路上真切地演绎迷茫、求索、挣扎、窃喜、百转千回、真情激荡的生命历程，促使他们去探索自身存在的意义和生命的价值。这才是涌动着生命气息的课堂，才是活泼泼的、有"真我"存在的生命舞台。

塑人为格，予课堂以大道

当前，课堂效果成为被群雄争相追逐的"鹿"，"高效课堂"成为教育界的"宠儿"，高中教学体现得尤为明显。各种课堂教学模式，如小组合作、翻转课堂、循环课堂、自主开放课堂等，如雨后春笋纷纷破土而出，而其最终考量的是学生对于"技"（知识）的掌握程度。

与之追求不同的是，不管上课形式如何变化，诗意语文课堂追求的永远不是一节课的"课堂效果"，而是对教师和学生的精神影响，甚至应当是对其一生产生的"效益"——打造精神底色，塑造人生品格。立德树人，始终是诗意语文课堂的终极目标，也是诗意课堂承担的最根本的育人大道。

钱理群教授说过："文学教育就应该唤起人的这样一种想象力，一种探索的热情，或者说是一种浪漫主义精神。""我们的语文教育应该给孩子以梦，给孩子一个'精神的底子'。这也是一个语文教师的责任。"诗意语文将知识融入美和风雅中，让学生主动去探寻文字之美；使现代精神碰撞古代文化，让学生去体会、感悟、质疑、思辨，然后逐渐理解出口成章的才气纵横、腹有诗书的精致和优雅、急人之难的大爱、身处逆境的眺望、真正的贵族精神和家国情怀……在与诗意的交流与碰撞中，明白是与非的界限，懂得可为与不可为的考量，明确自己的人生方向。

也许会有人说，一节课如何能实现如此深远的目标？又怎样明确已经达成了这样的目标？诗意语文的背景如此宏阔，一节课不可能完成这样宏大的育人目标，但是如果持续下去呢？就算无法持续，诗意语文也是给学生打开了一扇关于"美"的窗，吸引学生自主去追寻光亮。

巴金先生说过："文学的目的就是要人变得更好。"诗意语文课堂的终极目标就是要培养精神明亮的人，是让育人者和被育者都处于诗意的浸润之下生出向"好"之情，并越变越好！

诗意无他，无非千年文化熏染出来的赤子情怀，以善为本心，以美为宗旨，将最大的虔诚奉献给诗意和美；诗意课堂无他，以诗意叩问心灵，养向美之心，以美铺就通往美丽优雅的未来之路，培育求美之人。诗意课堂为老师和学生提供了一个理想的生命场，让他们能在其中发现那个高蹈于尘世之外的完美自我，从而催生出自我丰盈、自我完善的愿望，进而完成重塑师生人生品格的终极使命。

（张艳霄：就职于河北省邯郸市第三中学钢苑校区，诗意语文工作室"读书有得"栏目主持人）

第三辑

诗意语文课堂的姿态

让语言之树繁花似锦

——诗意语文重语言

语言是教师进行教育教学活动的重要工具，是师生灵魂碰撞的媒介。任何教育都发生在语言中，没有语言就没有教育。

教师的教学语言水平在很大程度上影响学生的语言表达能力，学生的语言能力则突出表现为社会生活中的交际交往水平。

课堂不是老师的独白，是有限生命与永恒存在自由对话的生命场，它们应该闪烁着温暖的灯火。有不少语文教师误读了语文课堂的人文性，简单地从形式上包装，忽视对文本的打磨研读，忽略对学生的情意感染，丢掉教师自身大好的文化资源，导致教学语言索然无味。

语文课要上出语文味，教学语言至关重要。同样的教学方法，因为语言不同，其效果可能相去千里。诗意语文重语言，我们的语文教师要有教学语言意识，我们的语文教学应凸显语言的养育。

精致解读，发掘打磨文本语言

教育是一种特殊的社会交往形式，师生通过语言交流理解教材，进而实现对世界的理解。

课堂教学应被看作师生人生中一段重要的生命经历，它应该是师生与文本的相互浸融，是生命的对话，是情感的互动，不应该是刻板僵硬的模式。从生命的高度来认识，课堂是师生共同步入的一种审美境界，是生动形象的教育艺术，充满情感，充满智慧，充满变化。

课堂教学语言充满艺术，才符合语文的审美。语文教师应教学思路清晰，语言简洁规范，善于启发。即使不能做到字字珠玑，教师也要追求句句精妙，段段深情，更好地调动学生学习的积极性。

1. 形象描绘

语言生动是美感产生的重要因素，教学语言因形象描绘而生动。

教师要善于运用惟妙惟肖的语言去解读文本，描绘形象，叙述事件，善于用生动的比喻解说事理，语气、语调、节奏、表情富于变化，这能有效调动课堂氛围，启发学生思维。

例如，讲授《沁园春·长沙》，讲到"漫江碧透"时，我们可以这样描述："湘江浩浩荡荡，它是大江大河，是雄壮之美，是豪放之美，是阴阳之美，是后生之美，是历史之美"；讲到"鹰击长空，鱼翔浅底"时，我们可以有这样的解读："鹰不再'飞'，鱼不再'游'。鹰是搏击长空，是豪情万丈，是背负青天，是长空的主宰，是勇士，更是斗士，是积极的磅礴的力的象征。鱼，不再游，它已超越平凡与世俗，超越了水的束缚，已自由自在成为美的精灵，那是'翔'的境界。"

老师形象描绘的语言，能让课本中"躺"着的文字变得立体，变得丰满。生动的语言，极具示范性，充满语文味，能让生命点燃智慧的火花，促进师生精神的对话。当文本中模糊的画面变得清晰，抽象的概念变得具体，深奥的解读变得通俗，刻板的知识变得灵动，学生的求知欲自然被唤醒，激发出极大的学习热情。

2. 生动博学

生动博学，与"平淡无味""照本宣科"的教学语言形成鲜明对比。

博学多识，又能联系文本，深入浅出，旁征博引，这样的教学语言，是一种浪漫的引领，带领学生走进文学的圣殿。

例如，在教学昌耀的《河床》时，老师说："想起余光中的一句诗："传说北方有一首民歌，只有黄河的肺活量能歌唱。'有人说："昌耀，就是当今中国行吟在青海高原上的屈原！'"

在诗歌专题《诗经》的教学中，老师这样导入新课："《诗经》是我们古老先民的第一声吟唱，而'爱情'这个亮丽的字眼已从河洲水湄的《关雎》里隐隐传来，已从水乡泽国的《蒹葭》里淡淡呈现，已从灼灼的《桃夭》中闪烁成幸福，已从青青的《子衿》里低徊成爱恋，'一日不见，如三日兮'，'一日不见，如三月兮'，'一日不见，如三秋兮'，这就是《诗经》爱情诗的'纯度'，这就是它的深度。赤诚可表，日月可鉴。"

生动的导入，是开启文本的钥匙。明亮的表达，如一个个精彩的画面，能把学生引领到诗意预设的情境。旁征博引，诗情画意，是一种精致的濡染，让课堂变得温润。

好的语文课应该是一首诗。这里的"诗"，不是指供人反复吟咏的作品，而是课堂上生命的绽放，灵感的闪现，情感的激荡。

3. 解读精致

精致解读，是要唤醒一份敏感。语言的美，是文本和心灵交融碰撞出的火花。

语文教材文本蕴藏丰富，语文教师只有沉下心来，用心挖掘对文字的感受，发现打磨文本深处的语言，让表达有色彩、有生命，才能有效拉近学生与作品的距离，引领学生反复玩味，让语文走进学生心灵。教师的讲授语是贯穿课堂始终的，需要多彩、厚重，必须精要点化，激情讲述。这是教师的一门硬功夫，须得下大力气修炼。

（1）言之有韵。

言之有韵，是指教学语言表达的抑扬顿挫、和谐悦耳、节奏分明。

课堂教学中，教师根据文本需要，绘声绘色地讲述，讲究语言的色彩明暗、声调的响亮沉郁，会使学生听起来舒服，如见其人，如闻其声，兴味盎然。

例如，用这样的语言解读张爱玲："张爱玲三字，惊红骇绿，影响了半个世纪，她的一生，又是喧嚣华丽风流云散的寓言。"借文人们为张爱玲作传的文字，从一个传奇女子，说到旧上海的最后一个贵族，从艳异说到荒凉，用开阔的视野、丰富的内容，余韵袅袅地表达："穿越影影绰绰桃花的绯红零落，我们读月光下温婉的故事，艳异悱恻，氤氲不绝，无数的海晏河清，千般的柔媚宛转。那是滚滚红尘不了情，那就是不老的临水照花人，永远的民国女子张爱玲。"

诗意的精魂是美，引发美的思考的语言，是诗意的钥匙。言之有韵，能让教学语言充满个性，让课堂生机无限。

（2）言之有情。

充沛真挚的感情，是生动优美的教学语言所必需的构成要素。教师语言要富有情感，富有情感的语言才有激情，才能激起学生的情感体验。

教师的教学语言要恰当地表达出褒贬评判和感情，不能置身文本之外，不能无视或者漠视学生。

当然，激活情感，应该是将作品本身的情感张扬出来，通过教师或激情如火或温婉感人的语言，形成一种催动人心的情感氛围，不是追求表面花里胡哨的热闹。所以，教学过程中，教师的语言无论是从内容还是形式上必须具有科学性和规范性，据文定情，因文传情，言之有情。

在教学《边城》时，老师这样说："古老的湘西，同样古老的沅水悠悠流淌，流过沈从文的童年，流过他心中的桃源。这里的白云清风，覆盖着一个人类远古的沉沉大梦。在那遥远的地方，有一个美丽的边城，那是古风犹存的童谣，那是美善同源的人性之歌。"

有感染力的语言，是一种召唤，引领学生进入情境。

依据自身的性格特点，每位教师在长时期的教学过程中，都会形成自己独特的教学风格。这些都会直接影响教学语言的情感性，影响语言的表达方式。性格急躁的教师，在教学时要有意识地克制，更多一份细心与耐心，更多地站在学生的角度思考。性格温和的教师，要充分发挥自己的亲和力优势，力求语言幽默有趣，使学生在愉悦的课堂气氛中轻松学习。

（3）言之有物。

言之有物，语言智慧，让课堂自由、活泼、敏感，富于美的创造，充满生命气息。

在诗歌鉴赏教学中，教师精心创设切入点，突出鉴赏方法。无论是陈子昂"前不见古人，后不见来者"时空设计的大开大阖，还是李清照"寻寻觅觅"精妙的叠字运用；无论是马致远"枯藤老树昏鸦"意象列锦的奇美，还是李商隐《锦瑟》里因密集的意象而生的多义和难解；或者从时空的交汇互化里体会"秦时明月汉时关"，从色彩与绘画的角度感受"两个黄鹂鸣翠柳，一行白鹭上青天"……诗意的建构，典雅的表达，精致的解读，是对文本语言极致地发掘、打磨，能让课堂走向非凡、走向独特。

成功的诗歌鉴赏课，既要有和学生的亲切交流，更应有对学生的阅读引领，有高于学生见解高屋建瓴的指导。解读精致，鉴赏指导如行云流水，娓娓道来，这样的交流分享轻松又愉悦。师生间诗意的对话，能促进可贵的课堂生成，让感性的生发与理性的智慧交融，学生在洋溢的诗情中一步一步走进文本的精神世界。

（4）言之有序。

这里的"序"，一方面指语文教学语言体现一定的逻辑性，另一方面指教学语言体现教学组织的程序性。

例如，讲《逍遥游》，我们可以用自己的声音来传递"逍遥游"的境界："超越时空局限，超越物我局限，梦幻与现实，毫无界限，是生命的大自由、大自在；是'天地有大美而不言，四时有明法而不议，万物有成理而不说'；是庄子给世人的生命大礼。"

这样的讲授，条分缕析，文从字顺，由表及里，由浅入深，引领学生理解逍遥游的境界，再结合庄子的哲理故事进行提问："庄子的哲理故事，惊才绝艳，惊世骇俗，风流一脉，同学们来说说你们知道哪些。"师生通过庄生化蝶、鼓盆而歌、曳尾涂中、白驹过隙、运斤成风等成语，共同思考中国儒道互补的传统文化精神，感受庄子留下的智慧悲悯，体味庄子生命的诗意：当我们无路可走的时候，我们还有月亮；当我们无路可走的时候，我们可以飞翔。

发掘文本意蕴，抓住发散点，抓住文本中最能引起学生发散思维的关键点设问，这样的教学语言指向教学难点，有利于化难为易，帮助学生理解。

（5）精心设计提问语言。

课堂教学离不开提问，语文老师需要具备抓住学生兴趣点提问的能力。教师层层追问，每一问都问到疑难点、关键点，能使课堂产生新的思维碰撞和交锋，从而再有所发现、有所思考、有所创新，促使教学不断生成和发展。

例如，在教学《妈妈》时，教师可引导学生思考：全诗为什么用三分之二的篇幅罗列现代城市生活的意象写农村的妈妈，抓住疑点提问："这些意象有什么特点？"当学生谈到其实这些意象城市司空见惯，并不时尚时，教师要趁势引导学生站在"城市的视角"思考："那么农村是什么？"学生顿悟，农村就是没有这一切，是被物质文明遗忘的角落。精心设计提问语言，引领学生在诗歌留下的空白里想象，化难为易，打开思路，逐渐澄清认识，明白所有的铺垫，是千呼万唤出一位农村母亲的形象："妈妈，今天你已经爬了两次山坡 / 妈妈，今天你已拾回了两背柴火 / 天黑了，四十六岁了 / 你第三次背回的柴火 / 总是比前两次高得多"。从"拾柴""背柴"的动作细节，一系列极具个性化的数字细节，一步一步品读出朴素中的悲苦与辛酸。

品文本的过程中，老师要善导，"好在哪里"是开放的话题，能引领学生们在畅谈的快乐里品读文本，在无限中挖掘宝藏。

由于学生理解与欣赏能力有限，他们对文本的理解往往有片面性和模糊不清之处。老师需要恰到好处地选择发问点、发问方法和时机，于难点处、疑问处、关键处发问，促使学生思考、探究、发现，促成课堂的生成。

教学语言的特色，或细腻，或粗犷，或华美，或朴素，风格因人因文而异。好的教学语言犹如好的作品，有血有肉，有筋有骨，有气有神，有人文，有思想，有风格，有气度，只有这样，才不失教学语言的艺术性。

当然，教师教学语言的多彩与厚重，不是停留于浮夸式的多彩，或者索然无味的厚重。教师的提问语要准确、独到，有针对性地提问，不盲目，不随心所欲，准确把握课文的深层情感，结合学生的兴趣点加以正确、积极引导，而不是顾此失彼，偏离教学的初衷。

文化浸润，砥砺修炼教师语言

用文化滋养生命，砥砺修炼教师语言，浸润影响学生，使之成为读书人，这是语文的一个美丽重任。

书香是语言的底气，腹有诗书气自华。如果连教师自己对语文都底气不足，要教出强健的学生只能是空谈。

教师的教学效果很大程度上取决于教学语言的艺术性。教师的知识水平、能力是影响教学语言艺术性的重要因素。教学语言是善于启发、诱导学生的语言，这就要求教师具备丰厚的学养，在授课时语言具有深度，能够旁征博引。

例如："与太阳竞走，黄河、渭水不足以解渴的夸父，是天地之间大写的精神，他轰然倒下时，手杖几度风雨化作桃花灼灼。《山海经》因为有了夸父，变得那么赤诚、那么侠骨、那么有信仰，甚而有了宗教情怀和一片桃花般的绚烂。"这样的授课语言是率性、自由的。

教师学识渊博，基础扎实，就能将抽象深奥的理论知识形象生动地表达出来，使学生易于接受，回味无穷。中学语文的内容广泛，知识性强，系统性强。只注重备课，对于知识的了解是有局限的。不注重语言表达，课堂难免生搬硬套、照本宣科。所以，语文教师需要文化浸润，砥砺修炼自身语言，努力拓宽知识面，既要钻研语文学科知识，也要对与语文相关的学科有所了解。日常生活中，教师既要阅读语文学科著作，也要阅读与语文相关的历史、地理等书籍，平日注重储备和积累，有计划、高效率地阅读，不断丰富知识面。

语文老师应该是学养厚实的典范，应该腹有诗书，氤氲成韵，拥有深厚的文学文化素养；不仅博览群书，还应挚爱写作，拥有独特而感性的语言魅力，让文字轻盈如诗，思维深透如海，让文字和文学给我们烙上厚重的精神底色。这份文化底蕴，能成就我们缤纷的语言，无论课堂上还是生活中，天文地理信手拈来，历史典故旁征博引，诗词歌赋出口成章。

以《迢迢牵牛星》的教学为例：

讨论交流，是这堂课的重头戏，叠词的妙用，是重要的一环。我引入李易安的《声声慢》，借助婉约女词人"寻寻觅觅"的经典，拓展迁移，让学生感知文化的传承性。当学生把讨论点落到纤纤素手的女子，落到人物形象的美丽时，我立即追问，让学生思考回答出细节描写，并由以点带面的手法说开去，引出无数如"纤纤素手"般美丽的手文化。从韦庄的"垆边人似月，皓腕凝霜雪"到杜甫的"香雾云鬟湿，清辉玉臂寒"，从《诗经》的"手如柔荑"、《孔雀东南飞》里刘兰芝的"指如削葱根"到让陆游铭心刻骨的唐婉的"红酥手"……借助众多的经典诗句意象，印证"以点带面"的"纤纤素手"，学生在精致诗意的语言里点点浸润，渐渐明晰河汉女的文学艺术形象。

从侧面描写说开去，我们也可以链接一串串的故事，从"回眸一笑百媚生，六宫粉黛无颜色"的杨贵妃，到"一顾倾人城，再顾倾人国"的李夫人，再到被德高望重的长老慨叹"为这样的女人，再打十年仗也值得"的海伦，把不同的美惊艳地呈现在学生面前，能让学生们更深入地感悟侧面描写的精妙。

纵横自如地链接，让解读分析诗意盎然，平常的课堂，自然变得立体生动。只有拥有深厚的文化积淀，我们的教学语言才能不虚幻浮夸，充满感染力，让课堂思接千载，视通万里，饱满生辉。这样的文化浸润，也让我们的课堂语言有了色彩与温度，点燃学生学习的热情。

例如，在话题作文"月亮"教学中，老师从嫦娥奔月而去到李白的霜月染愁，从苏轼月亮的悲欢离合到"海上生明月，天涯共此时"，好一番铺垫。学生们坐不住了，你一言我一语不甘落后，纷纷说出了自己知道的描写月亮的诗句，师生之间展开了一段非常痛快的课堂对话。

诗意语文课堂是语言的盛宴，诗意语文就是青青牧场，飞扬着生命，生长着智慧。教师诗意的语言，是天籁般的引导，唤醒激荡出新的诗意。

好的语文教师一定是文化的传经布道者，好的语文课一定超越时空，充满人文关怀，洋溢着文化情趣。课堂语言准确，表达雅致精粹，不着痕迹，浑然天成。缤纷的语言，会感染学生，让学生在真而美的语言感召里激发出学习热情。

教师的教学语言应是百媚千红的，当典雅时典雅，当素淡时素淡，当激情时雷霆万钧，当深情时山高水长。

情意感染，熏陶养育学生语言

情感是融化在教师、学生、文本这三者之间的催化剂和黏合剂。

情意感染，熏陶养育学生的语言，是语文的温暖和诗意。诗意语文期待一种生成，给学生一种眼光，让他们站在更高、更广的角度，用心灵去触摸文字，感悟文字背后的情感和体温，用精神对话，诗意看世界。

教师最大的快乐和幸福就体现在与学生的交往中。教师的一抬手、一投足、一句话、一个眼神，常常会深深地留在学生的记忆中。

教师对教学、对学生的热爱程度，直接影响着教学语言的艺术性，也直接影响着学生对于学习的态度。我非常看重对学生周记的批改，总是忘情地在学生的周记本上写啊写啊，写的哪里是规范的评语，那是安慰，是调侃，是对话，是共鸣，是笔下、灯下的心情，是季节岁月里的风雨，是行走在字里行间的感悟，是学生最想听到的那一声叮咛。

中学生处于青春叛逆期，他们渴望被关注，需要倾诉，却缺少途径，周记本如同老师和学生沟通的桥梁，无形中拉近了师生间的距离。老师和学生一起背诗词，读名著，写随笔，积金句，课堂里有学生美的响应，课堂外有学生美的创造，这样的语文学习是快乐、幸福的，学生会越来越爱阅读，爱写作，爱语文。

生动形象、富有情感、具有亲和力的教学语言，也引领课堂曲径通幽。

例如，在杭州的一次全国公开课上，《我的空中楼阁》开课 7 分钟，突然停电。设在大影院的会场一片黑暗，听课的人很多，场面有些混乱。来电了，站在灯光下的老师自然安静地吟诵道："我爱杭州如赤道般热烈的雨，也爱我的故乡雪城田园般宁静的雪；我爱这样的水银灯光，也爱刚才的黑夜。"短暂的无声之后，会场爆发出雷鸣般的掌声。

真实的导入，真诚的声音，是娓娓道来的深情，是架在课堂里的一座桥。

情意感染，也让教师的教学语言富有启发性。平庸的教师只是叙述，好的教师讲解，优异的教师示范，伟大的教师启发。他们启发学生积极思维，拨动学生的心弦，使学生产生心理、感情上的催动和激励作用，是教师教学语言的魅力。

我爱语文，由衷地赞赏和热爱我的学生们。课堂上，用情意感染开启学生心灵，启迪人生。教学之余，徜徉于读书与写作中，不是只注重自己读，而是更注重培养学生读书的习惯，常给学生列书单，引领学生们传承古典文化，继承国学的精神产业，拥有民族的记忆，热爱汉字，热爱文学，热爱古老民族的文化，拥有担当天下的热血和肝胆。给学生们打开一扇文化的窗，很美好。要给他们中国人的眼睛、耳朵和心灵，让他们透过文学之窗审读自己，有读书人的气质，爱读书人的情怀，具备读书人的文化视野和价值观。

用激情点燃激情，用感动创造感动，用才华培养才华，用生命感悟生命。老师的才华，熏陶、濡染着学生，能让他们对语文生出一种敬仰、一种亲切。

当语文成为学生的生活之友、心灵之歌、生命之树，语文课堂就会染上厚重的精神元素，自能焕发出无限生机，挥洒出缤纷色彩，激荡起万千气象。

情意感染，是一种激励和精神唤醒。教师的课堂教学语言是一种隐性知识，也是学生学习语言重要的隐性课程资源，它潜移默化地影响着学生知识的获取，也影响着学生交往语言的生成。

从话题作文"月亮"的教学中，我们可以看出老师的语言示范，带来了学生"语不惊人死不休"的语言风貌。

学生1说"露从今夜白，月是故乡明"，老师顺势点评"一轮思乡的月"；学生2说"长安一片月，万户捣衣声"，老师又自然说出"一轮思念的月"；学生3说"垆边人似月，皓腕凝霜雪"，老师微笑着说"美人如月"；学生4说"明月出天山，苍茫云海间"，老师点评"边关的明月"。这时学生5站起来说："小楼昨夜又东风，故国不堪回首月明中。"并像老师一样加了一句点评："这是一轮表达一国之君大悲大痛的悲伤的月亮。"老师马上夸奖"点评精彩"，于是紧跟着就有学生6说"欧阳修的'月上柳梢头，人约黄昏后'"，之后是学生7的抢答："这一轮月亮很美，是爱情的月亮。"学生们都笑了，老师也笑着说："月色、柳树、黄昏、恋人，这是我们民族独有的浪漫，太中国了。"对话还在继续，师生都意犹未尽。在充满诗意的精致对话里，学生们不仅信手拈来、旁征博引，还能恰切地评价。老师的语言影响可见一斑。

收获这样的师生对话真的是一种享受，对话最为精彩的是知识的延伸。学生们思维的闸门被诗性打开，诗意在课堂里涓涓流淌。中华民族亘古延绵的才情，就在这泛着诗意光泽的典雅语言里，生动地传递。文化与审美叠加形成浓郁的语文味，师生、文化、情感、知识有了和谐的交融。

喜欢这样的课堂，胡笳有情，明月有恨，学生们关注自己的内心，关注人世间的芸芸众生，跨越千年，和项羽一起慷慨悲歌，和荆轲一道诀别易水，将自己的眼泪洒在苏轼祭江月的酒里。九死不悔的屈原，归隐田园的陶潜，忧国忧民的杜甫，豪放旷达的苏轼，这些人物都不再只是文本里抽象的名字。

我的语文教学有三个追求：一是学生的回答有思想深度，二是学生的回答语言有文采，三是学生的回答有文化含量。这绝非一日之功，需要长期不懈地熏陶、培养和训练。主要的做法是：让学生背诵大量的古今中外文质兼美的诗，设计专题性诗歌鉴赏，打印适合学生阅读鉴赏的文章，长期坚持。

诗意语文，就是要让教师层层的铺垫水到渠成，让学生慢慢拥有诗心、琴心、慧眼，还有善感的耳朵，收获课堂上师生的自由互动和美丽对话，让学生优雅诗意地成长。

教师的语言是有魔力的，能在学生心田种下希望的种子。教育是一种传薪，语文教师应该引领学生把语文当作一种文化来膜拜，引领学生以高雅纯洁的语言表达，以清新纯净的文字写作，以严肃的态度对待语文，远离矫情，远离虚伪，远离低俗。教师情绪饱满，激情而诗意，感染和激荡学生的热情，点燃学习的兴趣，为思维插上飞翔之翼，这样的语文才有生命气息，让师生都能嗅到青草香，看到天地的广阔。

学生的内在能量一旦被老师激活，并加以长期熏陶、浸染，情感、文采和思辨能力便是开在语言之树上的自由花。如果语文课堂成了师生语言的竞美比赛场，那么这样诗意的对话，定能让课堂充满创造的快乐。

语文不是千佛一面，不需要千篇一律，优秀的语文教师应该拥有属于自己的一片天空，优质的语文课堂应当是人与人的心灵对话与精神契合，是生命个体之间的交流与碰撞，是师生、文本与作者被深深卷入的精神浸融，是无数个体用心灵在阐释生命存在。

任何一项能力的培养都需要一个过程，教学语言能力也不例外。这是一个长期的过程，更要求我们对教学语言给予高度重视，持之以恒地对教学语言进行提升和优化，在师生互动中获得更多无法预约的精彩。

（毛洪彬：就职于四川省成都市航天中学校，诗意语文教学实践研究课题主研）

　很大很美的教室　●

生命因读书而唯美

——诗意语文重读书

叶圣陶曾说："阅读是写作的基础。"读书就是教师和学生领悟汉语、感受世界、感悟人生的重要方式和法宝。诗意语文之读书，是教师和学生的合力之美。通过读书，教师可引导孩子们树立高远大气的人格，看到一个更远更大的语文世界和人生。[①]教师与学生的人生开始丰盈和升华，书本与课堂有了厚度和深度，生命便有了温度和高度。

诗意读书为精神打上书香的底色

"世间数百年旧家，无非积德。天下第一件好事，还是读书。"读书让我们的生命精致而风雅，那一脉书香跨越五千年文化，在黄卷青史里，在多情的汉字里，在煌煌的唐书汉典里，在西学异域的那一片精神的天空里。读书使我们的生命由匍匐走向站立的高贵，使我们超拔于俗世红尘的喧嚣，让我们无愧于"三才者，天地人"。在苍穹之下、大地之上，挺立属于我们人的尊严与骄傲。

何谓读书？读书是从视觉材料中获取信息的过程，是一种理解、领悟、吸收、鉴赏、评价和探究文章的思维过程。读书是一种主动的过程，是由阅读者根据不同的目的加以调节控制的，陶冶人们的情操，提升自我修养

---

① 董一菲.寻找语文的诗意与远方［M］.北京：清华大学出版社，2017.

的过程。

曹文轩曾说："阅读是对一种生活方式、人生方式的认同。"

林语堂曾说："读书本是一种心灵的活动，向来算为清高。说破读书本质，'心灵'而已。"

王蒙曾说："读书使我感觉良好，使我进入一个美好文明的世界。读书就是和朋友切磋谈心，读书也是对自己灵魂的追问。"

生命因读书而唯美。作为一名语文教师，语文是我的生活，更是我的生命，而读书便能找寻到生活的美好，生命的色彩斑斓。[①]

诗意语文重在读书。几十年的文学浸染与熏陶，几十载的语文教学生涯，我深刻地认识到一名成功的语文教师，应该是学生文学意识的启迪者、文学阅读的引领者、文学世界的导游者。[②]

"让学生读书去吧"，这是我教学多年最为提倡的。在五千年的历史文化中，文学永远闪耀着浪漫、知性的光芒。唯有读书，孩子们才能感受到语言的唯美，感受到历史文化与生活的激荡，感受到心灵的洗涤。

以读书为径，我的人生也在不断充实。与书相伴的日子，我的灵魂得以积淀，诗意语文得以收获，一切都在诗意成长。

从教30余年来，我的语文教学一直以读书为命，因读书而美，以做一个教者与读者而骄傲。读书让我们有了善良而温暖的心，有了精神的飞扬和灵魂的穿越，有了更高贵的生命尊严。读书，是天下第一件乐事和好事。

读书，诗意地读书，让人生增添了优雅和一切积极的元素。

作为一名语文教师，我坚持读书，努力让孩子们爱上读书，为他们的精神和未来打上书香的底色，也为我们教师的人生和成长打上书香的底色。

---

① 董一菲.董一菲讲语文［M］.北京：语文出版社，2009.

② 金军华.追寻语文教育的诗意［J］.新课程研究（上旬刊），2016（6）.

诗意读书对语文核心素养的追寻

诗意语文之读书，基于语文学科核心素养并在实践中不断发展。语文学科核心素养主要包括语言建构与运用、思维发展与提升、审美鉴赏与创造、文化传承与理解四大方面。为全面提升学生语文学科核心素养，教师可以通过积极的语言实践提高学生的语言文字运用能力，提升思维品质，培养高雅的审美情趣，积淀丰厚的文化底蕴。读书是实现学生认同中华优秀传统文化、夯实语言文字运用基础、发展与提升思维能力并感受与创造美的核心驱动力。简而言之，语文最核心的素养就是提升语言学习与运用的能力，也就是读书。

诗意语文尤其强调读书。

以读书为重，学生和教师都应以读书为宗旨。在教师的引领下，学生要了解每一个汉字的春花秋月和各自不同寻常的魅力，通过主动积累、梳理和整合，掌握汉语文字的特点及其运用规律，正确、有效地运用文字进行人际交流。

诗意语文的教学语言，整堂课的构思、结构、节奏，应该是一个美的存在。这一份美，源于教师扎实的语言文字功底，基于教师对语言文字的不断积累和打磨。

以读书为重，教师与学生在语文学习过程中，都通过读书不断地发展直觉思维、形象思维、逻辑思维、辩证思维和创造性思维，促进深刻性、批判性和独创性等思维品质的提升。课堂内外，在我对诗意语文的追求之中，有关教学和人生的思考不断深化。

诗意语文始终荡漾着一种诗性的激情、诗性的思维。在读书的过程中，师生不断丰富和发展"诗意"，平凡的生命因此有了厚度、深度和光热。

以读书为重，在语文教育中，教师要引导学生通过审美体验、评价等活动形成正确的审美意识、健康向上的审美情趣与鉴赏品位。通过读书，我们懂得了审美，心灵更加丰盈饱满，精神生活和人生高尚而有品位。诗意语文要以读书为媒介，教孩子们学会自尊、自爱、有责任心，知道义，懂情义，带领孩子们寻找人间的真善美。

诗意语文就是要在语文教学中呈现一种对审美境界的抒情和追求。

以读书为重，于书山中为绵延不断的中华文化所惊叹。诗意语文源自诗和灿烂的优秀历史文化，因而独具特色。在教学中，教师要一直引领学生热爱、继承和弘扬中华优秀传统文化、革命文化、社会主义先进文化，增强文化自信。文化是根，是一切情感和美的存在，是诗意语文教育的源泉。

诗意语文就是要引领学生以诗意之心、诗意之情去领悟中华文化，感受文化之美、文化之韵。

读书是运用语言文字获取信息、认识世界、发展思维、获得审美体验、传承与理解文化的重要途径。诗意语文重读书，需要通过读书来培养学生的语文核心素养。

诗意读书让生命开出理性的繁花

人对事物的感觉并不是随着刺激物作用的终止而立刻消失的，而是以"后象"的形式保存下来。在潜心读书的过程中，我们其实也保持着这种后象。

当学生在对文本进行深度探索时，正是对先前生成的阅读后象不断反观、品味的过程。阅读者的感官都被充分地调动起来，产生一种审美的愉悦。阅读中审美享受放大和延长，后象便更加持久地萦绕在学生的心田里，余音绕梁，回味无穷。这也正是诗意读书带来的自我觉醒的旅程与馈赠。

诗意地读书，让师生褪去浮躁与功利。在无功利的阅读中，人更容易沉潜自我、磨砺自我，放下世俗的偏执与偏见，开掘出自我的最大潜能，跨越时空，实现自我与他人的生命融合，让自己在跟智者精神同行的过程中，走出小我的天地，精神生命得以丰盈，逐渐向大我的世界迈进。

亚里士多德把哲学的沉思称为人生最高的幸福、完美的幸福。语文教学中，师生带入情感和沉思地读书，共情能力与思维能力都得到生长和发展，道德感不断增强，灵魂更加高贵。这样带着理性与思考来读书，更容易使学生顺利地经历感受—感染—感悟的审美过程，从而获得灵魂的深度滋养，以及审美能力的大幅度提升。

马斯洛的"需求层次论"认为："人具有自我完善、自我完成的潜能，以及使人的潜能得以实现的倾向。认知需要和审美需要都属于人的高级需要，是永无止境的，既可以在较低需求的层次上出现，也可以在自我实现乃至自我超越的层次上出现。"学生在自己喜爱的书籍里驰骋，不仅在陈述性知识方面有了大量摄入，更在程序性知识层面颇有收益。阅读使学生饱尝一场场精神上的饕餮盛宴，在有效时间内让一个个求知若渴的心灵得到满足，在读书中汲取营养能量，从而实现生命的跃升。

所以说，阅读是生命的礼赞。读书让我们诗意地栖居在大地上，拥有丰盈饱满的心灵，唤醒内心充满理性的精神的种子，懂得审美，富有情调，生命优雅。诗意读书，让生命开出理性的繁花。[1]

诗意读书在教学中的真情与实意

指引学生通向文学的殿堂，是诗意语文的重要使命。为此，我觉得语文教师应给学生一个文学的世界，教学中应做好如下几点。

坚持"用教材教"。教学中，教师要让课文起到抛砖引玉的作用，借助课文将学生引入文学之境，因文章不同而营造不同的文学之境，最后使学生"身临其境"。要以教材为参照，在教学中引领学生进行充分阅读，走入文本之中。

---

[1] 董一菲.阅读是生命的礼赞［J］.教育家，2015（6）.

坚持为学生开设"名著导读"课。引导学生关注世界文学经典，以文本阅读为突破口，注重"点面辐射"式的导读。在课堂的沟通交流中，激起学生对人物、情节等方面的关注与兴趣，并引导学生在全方位、立体化的解读中，走进文学世界。[①]

积极开展阅读教学。在诗意语文教学中，阅读教学贯穿课内课外。开展阅读教学，不仅体现在以教材为纲的每一节课上，还体现在课后适时地引导学生进行自主阅读学习上。积极开展阅读教学，让学生感知作者、感悟人物及感恩生命，以生命走近生命，以生命对话生命，在这种交融中潜移默化地完善自己的心灵品质。

积极开展诗歌阅读教学。诗意语文强调"以善感之心，进入诗境"，让学生从诗歌阅读中领悟诗歌的意境之美。通过阅读，学生敏锐地洞察到作者字里行间的情绪与情感，善感的心便时常能与作者产生心灵的契合与相通。在读书中，在诗意中，师生感受诗歌、语文的唯美与浪漫，不断丰富精神世界。

坚持通过读书，培养学生的理性精神。诗意语文教育的佳境便是诗意之中不乏理性，理性之中流淌诗意。作为语文教师，我们有必要让学生"诗意地存在"，同时又"理性地存在"，借助文本，给学生一个理性的世界。同时，打破阅读种类的界限，在与哲学类文本的交互中进行理性认知、碰撞和升华，为学生营造一个理性的思维空间，进而铸造学生内在的理性精神。[②]

坚持用本民族优秀的经典文化去开启学生的智慧，去启迪学生的人生，引领他们走向光明。社会喧嚣，人心浮躁，唯有读经典书籍可以静涤心灵。诗意语文教学中，我们常用孔子的"仁"充盈学生的心灵，为他们的人生打上温润儒雅的君子底色；以儒家的固穷坚毅鼓舞学生，在坚守中创造自

---

① 王青生.董一菲和她的诗意语文［J］.教育家，2017（3）.

② 董一菲.董一菲讲语文［M］.北京：语文出版社，2009.

己人生的精彩；以老子"有为之道"正面引导学生积极面对学习与生活，使他们面对人生发展的种种境遇时不再恐慌迷茫；以庄子的超然物外淡看人生的所谓荣辱、功名、利禄；以道家的清静无为，让学生树立超功利的理想，敢于抵御欲望的洪流，勇于挑战每一步攀登。

读书去吧！书永远不会白读！读书是生命的积淀，是诗意语文的命脉。生命因读书而唯美！

（郑枫：就职于江西上饶幼儿师范高等专科学校，诗意语文工作室"光影流年"栏目编辑）

在星辉斑斓里放歌

——诗意语文重教育激情与理想

诗意语文重教育激情与理想的现实需要

1. 学生发展核心素养对激情与理想的呼唤

核心素养是学生通过课程学习逐步形成的正确价值观、必备品格和关键能力，是课程育人价值的集中体现。

《义务教育语文课程标准（2022年版）》对核心素养四个方面的表述非常精准：文化自信、语言运用、思维能力、审美创造。它们囊括了国家对莘莘学子所有美好的期许：自信满怀、能力超拔、逻辑严密、审美卓越；而这一切都以语言运用为基础，而语言运用也正是诗意语文孜孜以求的目标。

核心素养的再次提出具有双重意义：一方面，可以促进教师专业发展，改变当前存在的"学科本位"和"知识本位"现象；另一方面，可帮助学生明确未来的发展方向，激励学生朝着人生目标不断努力。

目标已经写就，理想已然树立，将理想与激情融入语文课堂，正是历史的必然选择和现实的迫切需要。

2. 新课标对激情与理想的要求

新课标明确指出：语文课程致力于全体学生核心素养的形成和发展，为学生学好其他课程打好基础；为学生形成正确的世界观、人生观、价值观，形成良好个性和健全人格打下基础；为培养学生求真创新的精神、实践能力和合作交流能力，促进德智体美劳全面发展和学生终身发展打下基础。

新课标的课程理念也有了明显的变化：立足学生核心素养发展，充分发挥语文课程育人功能；构建学习任务群，注重课程的阶段性与发展性；突出课程内容的时代性和典范性，加强课程内容整合；增强课程实施的情境性和实践性，促进学习方式变革；倡导课程评价的过程性和整体性，重视评价的导向作用。

新教材在不断改版，新理念不断出现，新情况不断涌现，新困难层出不穷，而国家育人的初心和目标始终未变，征途漫漫，教师和学生必须一起跨越千山万水，没有高远的理想在前方熠熠闪光，没有充沛的教育激情保驾护航，这些目标很难达成。

诗意语文重教育激情与理想的课堂呈现

追溯漫长的教育历程，有不少著名案例能深刻体现出教育激情和理想的魅力：孔子携弟子暮春而行，西南联大热情澎湃，晓庄师范平易近人，日本巴学园山海迷人，桥本武以小说为蓝本自编教材有声有色，无不闪烁着理想与激情的光芒。

当教育、激情与理想合三为一，美美与共，教育美好的境界便油然而生了。

1. 诗意语文有温度，家国情怀深蕴其中

于漪老师说：作为教师，还要清楚的是，我是中国人的教师，做好新中国教师的本分，心中必须有中国的灯火。

这就要求我们指引学生在纷繁复杂的社会环境下树民族精神之根，筑爱国主义之魂，用中国人博大的情怀，用自己的才华为中国作出贡献，为

人类作出贡献。

念念不忘，必有回响。中国的灯火一直燃烧在诗意语文的课堂中：对汉字作追根溯源的分析，从未停止；对典籍倾尽心血地解读，从未止步；对人物价值观念的赞恶，从未模糊；对作家感情倾向的把握，从未偏离；对语法修辞给予碧落黄泉的追寻，从未懈怠……太史公发奋而作的忠勇、旗手鲁迅解剖国人灵魂的炽热、西北汉子路遥的坦荡如砥，以及上古《诗经》的丰富多义、西方小说的热忧冷凝，也都一一萦绕在诗意语文的课堂中。

诗意语文的课堂，是有温度的课堂。教师秉承"为天地立心，为生民立命，为往圣继绝学，为万世开太平"的圣人之训，国家认同的墨香，始终飘扬在诗意语文的课堂中。

学生秉承明代思想家吕坤所指出的"八景"："泰山乔岳之身，海阔天空之腹，和风甘雨之色，日照月临之目，旋乾转坤之手，磐石砥柱之足，临深履薄之心，玉洁冰清之骨。"（《呻吟语·修身》）对国家认同的追寻，始终贯穿在诗意语文的课堂中。

2. 诗意语文有深度，人文精华细化其中

帕克·帕尔默在《教学勇气：漫步教师心灵》中写道：优秀的教学不能被降格为技术，优秀的教学源自教师的自身认同和自身完善。[①] 课堂深度教学更是教师在寻求完整教育的心灵游历。

走到今天，诗意语文在诗意唯美的表象下，早已把自我、学生、学科、社会深深联系在一起，隐藏其中的牢固张力体现在教师对课堂中每一位学生的观察、悦纳、指引、评价与研究中。

诗意语文，要求教师读万卷书，行万里路，尽可能多、尽可能深地提高自身的学术素养。阅历可以在亲身经历中丰厚，也可以在长期阅读中不

---

① 帕克·帕尔默.教学勇气：漫步教师心灵［M］.上海：华东师范大学出版社，2020.

断精深。对文本的深度挖掘、对人物的细腻解析、对内容的不同探讨、对情节的再造想象、对情感的万千把握，都是帮助我们深度潜入文本的有效途径。只有这样，我们才能读出文中的"小我"和"大我"，读出文中的无奈和沧桑、欣喜与绝望，抑或是歌哭无端的悲愤和凄凉。

没有深度的语文课堂是苍白的。如果不能领着学生一起潜入文本，无限地接近作者，无限地接近那个时代，我们便不能深入理解、感悟语言文字的美妙和惊心动魄，便不会读到黄鹤楼就想到"江城五月落梅花"，便不会读到寒山寺就想起"十年旧约江南梦"，便不会读到湖心亭就想起《桃花扇》中的"可怜他起高楼，可怜他宴宾客，可怜他楼塌了"，便不会读到巴金的《家》就时时回味这段那段影影绰绰与《红楼梦》一脉相传。

没有深度的语文课堂是无力的。如果不能领着学生一起字斟句酌，无限地接近人物形象，无限地与主人公同呼吸、共命运，我们便不能知晓为什么翠翠能使沈从文与诺贝尔文学奖那么接近，不能知晓为什么孙少安、孙少平兄弟连在一起读便是深沉的"平安"二字，也不能知晓陆游的梅花是那么凄苦无依又那么笑傲凌尘，更不会知晓《故都的秋》清淡的文笔下一句淡淡的"都市闲人"竟然隐忍着那么多的悲凉和伧俗。

没有深度的课堂更是无趣的。近几年《中国诗词大会》《朗读者》《见字如面》等文化类节目受到社会各阶层的广泛喜爱，因为这些节目的清雅与厚重，许渊冲的唯美翻译，史铁生的豁达恬淡，甚至麦家的风雷激荡等，都又回响在人们心中。这些节目一时之间会让我们心醉神迷，但是如果真的想领略这些作品背后的文字密码，我们还是要深入文本，细细品味，方能真正领略作者的良苦用心和深沉用意。节目中的碎片阅读只是昙花一现，书本才是我们一生的追求和守候。

读课本中的雨果，也许你只能读出义正词严的人道主义和丰赡华美的词汇、修辞，但是继续捧读他的《巴黎圣母院》和《悲惨世界》，甚至再去了解和他同时代作家的炽热与呼唤，以及法国的历史，那么我们对课文的理解将会何其深远。读《我的叔叔于勒》，是为了让我们走进莫泊桑，他还有更冷峻的《项链》《羊脂球》和《俊友》，顺藤摸瓜，巴尔扎克和他的《人间喜剧》也会浮出水面。那冷漠犀利的文笔，那汹涌澎湃的法国大革命的浪潮，会席卷我们的心灵！越深入阅读，你越会发现一个让人心荡神迷的别样世界。读一篇文章，读懂一个作者，更去读懂一个时代、一段历史和一个国家。

3. 诗意语文有宽度，古今中外串联其中

教育界有一句广为流传的话："教育的本质意味着一棵树摇动另一棵树，一朵云推动另一朵云，一个灵魂唤醒另一个灵魂。"树摇树，云推云，魂唤魂，美好醉人！如何落实却是一个难解的问题。

诗意语文用自身的宽度打破了这个界限。

我国古代文学理论的渊源可以追溯到很早，《文心雕龙》《诗论》《二十四诗品》《人间词话》……细细读来，我们会发现作者不仅熟谙文学，更对音乐、绘画等有着发自内心的喜爱。唐代是一个文化空前繁荣的时代，书法、绘画、音乐、舞蹈、雕塑等各个领域的艺术造诣都臻至顶峰，唐诗更是中国古代文学长河中的一颗明珠。这与唐代波澜壮阔的艺术氛围是分不开的，宽度决定高度。

再来细读美学，不论是朱光潜还是李泽厚，不论是宗白华还是桑塔耶那，甚至是作家巴金，他们都和文学、美学有着很深的渊源。

我们读王维，从来绕不开苏轼的精准评价；我们读《琵琶行》，不能不懂得余音绕梁，三月不知肉味；我们读罗敷，不能不联想《荷马史诗》中海伦的美貌绝伦；我们读中国含蓄、优雅的爱情诗，不能不对比西方热辣辣的直抒胸臆之作；我们有我们质朴的《平凡的世界》和奇绝的《西游记》，西方也有厚重的《巴黎圣母院》和激人奋进的《浮士德》；我们有悲天悯人的《红楼梦》，异域他国也有同样哀婉动人的《源氏物语》。对比映衬、互相印证、彼此烘托，从来都是诗意语文课堂宽度的体现。

丰子恺的漫画，李叔同的音乐，罗丹、米开朗基罗的雕塑，莫奈、梵

高的绘画，从来都是诗意语文课堂上的常客。简简单单高高秋月照长城就是传神的图画，清清白白此夜曲中闻折柳就是动听的音乐，洒洒脱脱仰手接飞猱就是动人的舞蹈，不广博无以成就诗意语文，不宽泛无以璀璨诗意语文。

4.诗意语文有气度，端凝气质渗透其中

追溯诗意语文的课堂，孔子的语文课赫然在列："莫春者，春服既成，冠者五六人，童子六七人，浴乎沂，风乎舞雩，咏而归。"

这是曾晳的"志"，也是夫子的"志"，更是我们理想中课堂的模样：世界安宁、万物生长、生命解放、人人融洽、自然亲善、社会安定、人民富足、国家安泰，人能像"人"一样活着且"思无邪"，诗性、美好、正大、端然。

诗意语文有气度，体现在语文课上出了难度，甚至必须有一点难度。从高考和中考的命题趋势就能清晰地认知，学语文要活学活用，课堂上不但能品味作者名家文字的精深，更要学着评价这些精深之处，最终还要把这些精深之处用到自己的语言和作文中去。读《子衿》就要学会优雅地思念，读《湖心亭看雪》就要学会婉转曲折地表情达意，读《威尼斯商人》就要理解犹太人的个性形成背景，读《背影》当然要能联想到修身齐家治国平天下。一篇好文被选入课本，它就成了一个时代的背影和缩影，就是亿万中国人的心态和吟哦。

诗意语文有气度，体现在语文课上出了正气，甚至必须有一点正气。很有意思，中国的典籍，从"四书五经"到"二十四史"，都是正大端言、绝无轻慢戏谑之词的，包括诗和词的源起与异同，都昭示着正气凛然的美学范式。翻开语文课本，必修也好，选修也罢，能进入课本序列的文章，大都是公认的气质拔群、超凡脱俗。屈子行吟湖畔，文正岳阳楼高歌，王勃滕王阁扬名，《老山界》重返课本，都有意无意指引着教师语文课堂上最好不可戏说，不可戏谑，不可插科打诨，留下的是诗意和端然。

诗意语文有气度，体现在语文课上出了醇厚，必须有一点醇厚。醇厚最早是用来形容酒和茶的词语，清酒清，腊酒浑，明前润心，这美酒浓茶淡水入口入心，回味无穷，正如我们的语文课堂，初读心神爽快，再读沁人心脾，回读百感交集，多年之后，那些文字还在心间回环往复，欲罢不能。教师有气度，诗书藏心，言之有物，温文尔雅；学生有气度，谈吐有致，温柔敦厚又不缺锐气。

美好的东西总会让人念念不忘，与理想和激情为伴，诗意语文的内容会更加庄严华美，诗意语文的形式会更加纷繁灵动，诗意语文的语言会更加干净纯粹，诗意语文的情感会更加静水流深，诗意语文的气度会更加端然明媚。

（刘冬英：就职于郑州市管城回族区外国语学校，诗意语文工作室"慧眼看课"栏目主要成员）

变化无声，自成高格

——诗意语文的课堂变化

《普通高中语文课程标准（2017 年版 2020 年修订）》将语言建构与运用、思维发展与提升、审美鉴赏与创造、文化传承与理解确认为语文学科核心素养的基本要素。董一菲老师倡导的诗意语文正是把语文学科核心素养作为语文教学的落脚点，主张在语文教学实践中以建构语言、发展思维、审美鉴赏、传承文化、培养情怀为诗意语文课堂变化的主线，通过综合性、实践性、涵养性的语文学习活动，最终培养学生的语文学科核心素养。这是诗意语文课堂变化的基本策略，它在实际教学中主要表现为以下几点。

拓展宽度，从教材到课程转变的课堂

由课堂走向生活，由教材走向课程资源，这是诗意语文的"宽度"。董一菲老师不仅对教材进行"二次开发"，同时也通过教师的阅读视野引入一些课外资源作为课内资源的补充，在课程标准和教育情境中进行课程重构。[①] 对于教材的开发，首先体现在文本解读上，即从文学层面解读文本，叩问作品文本意义的生成过程；又从哲学层面解读文本，揭示人的自我存在，探索人生价值意义，展开对生存世界的理解。很多课文经过董一菲老

---

① 董一菲.寻找语文的诗意与远方［M］.北京：清华大学出版社，2017.

师的精心解读，都能找到它在文学史、语言史、文化史、哲学史、历史上的相应位置。

例如，董一菲老师执教《世说新语·咏雪》时，就是由谢道韫说开去，进一步探寻《世说新语》中一个个魏晋名人的故事。王粲、魏文帝、钟毓、钟会、潘岳、左思、嵇康，这些历史人物在这节语文课上全都出来了。学生明白了"汉末魏晋六朝是中国政治上最混乱、社会上最苦痛的时代，然而却是精神史上极自由、极解放、最富于智慧、最浓于热情的时代"。在魏晋这个尚贤、尚才的时代，在这片文人自由生长、才华横溢的土壤中，学生找到了后世文人率性、纯真、天然的精神原乡，并深深领悟到建安风骨、少年气象、自由精神、家国情怀都从这里发端。整个课堂有了深度、广度和境界，这也就具备了语文课堂的"立体层次结构"。

在文本解读中，董一菲老师注重深度阅读。比如对《沁园春·雪》深潜涵泳，并联系时代背景和作者情感背景，知人论世，读文也读人。董一菲老师由《沁园春·雪》的壮美生发出这样一个问题："有这样一段佳话，毛泽东1936年写下的《沁园春·雪》，在1945年公开发表，震动了整个文坛。当时，国民党组织了一群舞文弄墨的人填写《沁园春·雪》，却无人可以超越。请同学们细读这首114字的词，找一找，哪些词句无人超越？"接着，董一菲老师从诗眼"望"字入手，援引李白、司马迁、辛弃疾、鲁迅等文化名人的诗文与毛主席的作品类比，又着眼于解读毛泽东诗句中常用的宏大意象，最终得出这样的结论："毛主席不仅是政治家、哲学家、革命家、军事家，他还是一位诗人。他以这样的笔、这样的纸、这样的墨、这样的韵脚、这样的句式写成了如此壮阔豪迈的《沁园春·雪》，一个诗人赢得了一个国家！"像这样的文本解读在董一菲老师的课堂中是经常发生的，这种课堂变化既能开拓学生的视野，也能触发学生的灵感，丰富其精神世界，涵养其雍容的博学气质和优雅的文化风度。

整合教学，从单篇到群文转变的课堂

相较于传统课堂中习见的单个文本的碎片性阅读教学，诗意语文课堂上的群文教学最明显的特点就是在议题的统摄下，阅读教学的内容由单文本走向了多文本——内容由阅读的点延展为阅读的线、面和立体空间，在一个个"阅读场"中，从读懂一篇走向读通一类。董一菲诗意语文的课堂不仅由单篇阅读转变为群文阅读，更转化为整本书阅读，使之由阅读场转化为教学场，淬炼为生命场，并让"广泛勾连、精粹提炼、激扬自信、丰盈灵魂"成为教学生态，带给语文教育多元、丰富、立体和美好的未来。①

在董一菲老师执教的以"《诗经》里的爱情诗"为主题的综合性学习课例中，我们就能清晰地看到群文阅读"打开""走心""在场""生成"的建构特点。

《诗经》里的爱情诗因其灵性风韵，化育灵魂，更能春风化雨，给人以润物无声的滋养，颇受人们的喜爱。然而，因为它的语言凝练，情感丰富，意蕴深远，古诗词教学又是语文教学中相当难啃的"骨头"，教师往往嗅得其味，却难以咀嚼。因此，在古诗阅读教学中，用心的老师一定要察其言、审其意，找准解读切入点。董一菲老师基于个人智慧，巧析深探，对《诗经·郑风·将仲子》《诗经·郑风·狡童》《诗经·郑风·子衿》三首爱情诗进行了极具针对性的整合，使其成为一个整体，让学生读出趣味，生出诗情。

《将仲子》《狡童》《子衿》内容不同，风格各异，但表达的却是同一种情感——"爱情"。董一菲老师独具慧眼，抓住了情感的共通之处。然而，尽管同为言"爱情"之作，但"爱情"的表现形式却又不尽相同。董一菲

---

① 董一菲.诗意语文：生成性课堂的生命之美［M］.北京：西苑出版社，2018.

老师总览全局，深入挖掘，引导学生立足主题，对三首爱情诗由浅入深，一步一步进行有效整合。

西南大学于泽元教授认为，"群文阅读把阅读教学的过程，视为一个集体建构的过程"。在诗意语文的课堂中，群文阅读就是这样围绕一个议题将多篇文章统摄在一起，建构一个新的文化组元，在文本与文本的勾连中，在教学过程师生思维的相互碰撞、言语的相互启发、情感的相互触发中，集体建构了生命成长的氛围和气场。

唤醒思维，从被动到主动转变的课堂

美国著名哲学家、教育家杜威说："我们必须站在儿童的立场上，并且以儿童为自己的出发点，决定学习的质和量的是儿童不是教材。"语文课程体系构建得科学合理，才是语文教学成功实施的客观条件，但如果对学习主体重视不够，再完美的课程体系也只能是"冰冷的纸堆"。诗意语文的课堂变化就是从语文学习的主体——学生的角度立意的，就是要在语文新课程的实施中找到"生命的温暖"。

例如，教读《诗经·郑风》爱情诗群文，在聚焦"爱情"的主题时，董一菲老师问："关于'郑风'的三首爱情诗，我想问一个问题，六个主人公，你更喜欢哪一位？理由是什么？"一生说："我更喜欢《狡童》，因为主人公对爱情更主动。"另一生说："我更喜欢《子衿》，因为它体现了中国人的含蓄，对爱情追求的优雅。"第三个学生说："我比较喜欢《子衿》，因为我觉得它还是比较含蓄的，我感觉爱情就应该是比较含蓄的。"董一菲老师不作褒贬之辩，只有精彩的点拨："阅读是一个发现的过程，其实最终是发现了自己。"

从被动到主动转变的课堂看起来是诗意语文课堂的表征，反映出的却往往是课堂的本质特征和学生在课堂中的真实身份。既然出现学生充分言说这样的情景，这样的诗意课堂必然是体现新课标的价值取向的，教师在课堂中起着引导的作用，把课堂还给学生，发挥学生的创造性思维，给他们自由发挥、充分展示自我的舞台，让学生在乐中学，在学中乐，真正实现身心全面发展。总之，学生成了诗意语文课堂上的主人。"大鱼前导，小鱼尾随，是从游也，从游既久，其濡染观摩之效，自不求而至，不为而成。"学贯中西、文理兼通的清华校长梅贻琦如是说。当课堂中学生已经找到了三首爱情诗的情感内核时，董一菲老师尽最大的力量去托举学生，做了主持者、点拨者、启发者。高中阶段，学生如果没有自由的阅读史与爱情观，那么他们的青春岁月可能就少了些苍翠和葳蕤。董一菲老师顺应新课程改革提出的要求，让学生快乐地表达出对《诗经》中恋歌的独特理解，从而由一个个人物带出一个美丽的大千世界。

再如讲《周亚夫军细柳》，董一菲老师在课堂上一步步引领学生进入高潮后顺势发问："如果同学们做导演拍一出戏《周亚夫军细柳》，你要找哪些群众演员和配角来助演？"渐入佳境的学生没有发现问题的难度是在逐渐加大的，他们兴致高昂地找出了宗正刘礼——天子的特使、祝兹侯徐厉、军门都尉、上乃使的使节做配角，把能出彩的小人物读出了彩。学生再次发力，说出了军门都尉应该是群像，上乃使使节则是个体。在思维被启动的课堂上，学生的灵魂被唤醒，言语被催生，表达成了一种自然的发生，阅读中的新发现自然流淌出来。这既是个体生命的自然本能，又是文化生命的崇高道义。在这种情况下，文化的、情感的、审美的东西以语言文字为载体走进学生的心里。这也印证了董一菲老师的诗意语文理念："语文给孩子的是一种诗意，一种美，一种温暖，一种情怀，从语文而文化而历史而自然而人生。"

重塑心灵，从知识到文化转变的课堂

斯坦福大学心理学教授卡罗尔·德韦克在《终身成长》里讲了两种思维模式：一种是固定型思维模式，一种是成长型思维模式。固定型思维模式者认为人的才能一成不变，做任何事情都是衡量自己智力的一大要素；而成长型思维模式者相信能力可以培养，做任何事情都以学习为目标，以开放的心态悦纳自己，并且能敏锐地对自己的水平有准确的评估，以期更好、更快地学习和成长。董一菲老师的诗意语文就是要培养学生的成长型思维，涵养学生的品格，使他们在阅读中掌握知识，在阅读中培养能力，在阅读中获得文化滋养。

教师被赞誉为"人类灵魂的工程师"，肩负着塑造灵魂的高尚重任。客观反思一下，我们能否担得起这样的赞誉？世界著名教育家、哲学家保罗·弗莱雷认为："人是未完成的有意识的存在者。教师是文化反思者和行动者，用知识与技能赋权于学生，清楚社会的问题与未来的可能性，不仅关心个体的成就，更关注学生的阅读世界，在必要时有影响社会的姿态与能力。"董一菲老师认为真正的教育永远是指向心灵的，而不仅仅指向知识、指向能力。因此，教学要回归心灵，回归诗意的心灵，在语文教育对话中滋养学生的精神，塑造学生的诗意灵魂，在语文天地里，构建学生的精神家园。诗意语文的课堂变化就是在这样反思的土壤中生成的。

诗意语文要涵养学生爱的能力。这些爱包括：文化之爱，如《庄子》整本书导读之《北冥有鱼》；国粹之爱，如《红楼梦》整本书导读；爱国情怀，如《故都的秋》；魏晋风骨，如《世说新语·咏雪》；儒家品格，如《子路、曾皙、冉有、公西华侍坐》。

诗意语文的课堂要塑造学生精神。诗意语文的课堂上，每一课有每一课的文化，每一节有每一节的审美。董一菲老师说，"语文教师给学生展开的生命画卷应该是宽广的"[①]，她也一直是这样践行的。诗意语文课堂上拥有中国智慧的创造和中国人独特的审美，拥有中国人的文化和心灵。这颗心在悠悠五千载的传统文化中浸润，是"文心"，更是一颗"诗心"。董一菲老师的眼睛看到的不仅是语言文字，更透过文字，看到背后所蕴含的精神

---

① 董一菲. 汉语，诗意化的世界［J］. 中学语文教学参考，2017（16）.

上、文化上的生命力。所以，她要通过诗意语文的课堂情境和授课者的智慧思考，引导学生去涵养民族精神，形成健全人格，并力争把它变成一生的财富，从而使他们的生命具有"富贵不能淫，贫贱不能移，威武不能屈"的精神气息，做堂堂正正、顶天立地的人。

回归本真，从教书到育人转变的课堂

语文教学离不开诗意，以诗意心灵完成生命的对话。董一菲老师不忘初心，回归本真，用诗意的语文课堂诠释了诗意人生，带领学生在语文天地里自由驰骋，用一颗诗意的心感悟人生的曼妙，实现了从教书到育人的课堂转变。

董一菲老师从初登讲台的第一节课起，便深深地意识到读书和教书是两码事。作为一名一线教师，董一菲老师抓住每次历练的机会，从组级公开课到国家级赛课，真正做到了在课堂中成长。董一菲老师对自己有着清晰的认识。她的第一节组级公开课《愚公移山》，模仿钱梦龙先生同题的课，生吞活剥，但是鲜活而强烈的课堂问题意识深深地在她脑中扎下了根。这也让她不断思考，不断努力。董一菲老师自认为是情绪型的教师，感情敏感，缺乏理性的深度，读书偏爱小说、散文，并发现自我是最难超越的，课程带着自我烙印，课堂缺少一份聆听、一份平和。就是这样一次次的深刻自我剖析，促使她快速成长。

董一菲老师自述她的职业生涯有三次进步：第一次进步，是由刚刚登上讲台时很紧张到后来有了一些从容，由原来的脑子里只有讲稿文本，变得逐渐有了学生，"目中有人"；第二次进步，是在课程改革的浪潮里，不停给自己注入新的理念；第三次进步，就是在60多节各级各类赛课和观摩课中积累了较为丰富的课堂经验。董一菲老师的三次进步，每一次都有质的飞跃。面对语文的变，董一菲老师始终坚持两个"不变"："一颗至爱语文的心"和"在语文教学实践中，追求唯美与诗意，寻找创造与感动，弘扬浪漫与理想"。董一菲老师 20 多年的教学生涯，由教书到育人的课堂转变，回归本真，让生命价值得以体现，达到更高的人生境界。

董一菲老师认为语文理想的课堂氛围应该有文学气息、浪漫情怀、诗意创设、缤纷的语言、文化的膜拜，以及智慧与幽默。比如董一菲老师在讲授席慕蓉《一棵开花的树》时，引导同学们在朗读中感悟，在感悟中鉴赏。为了让学生更好地感悟诗文之美，她引导学生说："这棵开花的树是诗人灵魂的潜影，它生长在诗人精神的原野，是诗人情绪的流动与飞扬，是诗人情感的外化。别林斯基说'美是从灵魂深处发出的'。"学生的思维瞬间被打开，开始入情入境地阐释诗文的美。他们各抒己见，谈到了诗中的真情美、细节美、凄凉美、画面美……就这样，师生一同随着席慕蓉的文字，进入了一个诗意的世界！

作为一名语文教师，董一菲老师时刻践行着大语文教学观，引导学生学会生活，尤其是诗意地生活。语文的本色是诗意，学好语文，便赋予生命诗意。学生在诗意语文的不断熏陶下，逐渐懂得了生命的美好。

董一菲老师认为学好语文可以让心灵贴近母语，汉语具有简约直观而充满艺术性、丰富而富有音乐性的特点，可以让心灵贴近中国文化，贴近大地山川，贴近岁月苍生，贴近生命。语文让我们懂得生命的本真，活得更加理性。例如，《红与黑》让我们懂得灵魂的哲学与博爱，《雷雨》让我们懂得生命力有最残酷的爱与最不忍的恨，《生命不能承受之轻》让我们学会用哲学来思考生命，《雪国》告诉我们美与爱是独立的。

诗意语文是依据教师自身素养、语文学科特点以及教学目标而提出来的一种本真的教学理念，一种美好的教学追求，一种理想的教学境界。[①]语文教学，需要回归本真，展现语文的本来面貌，这种教学理念是符合教育规律的。语文教学充满诗意，学生的语文学习便充满诗意，这种教学追求本身也是充满诗意的。在充满诗意的语文教学中，学生不仅提高了语言文

---

① 董一菲，史世峰.一节好课要有境界并给人精神感发［J］.语文教学通讯，2010（34）.

字运用能力，思维品质也得以提升，从而树立正确的价值观，实现语文核心素养的目标。

当然，诗意语文的课堂变化需要阐释的还有很多，能贴近大地，又能仰望星空；精神独立又思想自由的诗意语文课堂必能将星星之火汇成燎原之势。如此，语文课堂的未来可期！

中国现代美学的奠基人朱光潜先生说："要养成纯正的文学趣味，我们最好从读诗入手。"董一菲老师认为诗意语文的起点是诗，终点也是诗。她的课堂在简约的设计中营造情意氛围，诗意盎然，不知不觉中给予学生精神的种子，提高他们的境界，滋养他们的品格，更丰盈他们的生命和心灵。

（丁丽洁：就职于河北省平泉市第一中学，诗意语文工作室成员）

第四辑

诗意语文课堂的绽放

诗意盎然"课"深处，一"讲"一"授"总关情

——诗意语文讲授课范式阐析及品悟

诗意语文讲授课重在构建以语言为点、以审美为线、以文化为面、以塑造人的精神底色为宗旨的课堂范式。

课堂是师生的生命场。在一堂堂课的推进中，教师与学生共同学习，共同进步，共同成长。在这里，教师通过"讲"来"传道"，通过"授"来"解惑"，学生则通过"听"来明理，通过"思"来彻悟。"讲"和"授"既强调了教师在课堂上的引领作用，又明确了学生在思维中的主体位置，是教学过程中不可或缺的重要授课方法。

诗意语文讲授课范式之内涵

"讲"是讲析、讲解，是传达思想的方式，不仅是拿出和展示，更是一种唤醒和重生。

"授"是授予、交付，是送给与接受，更是交流和碰撞。

"讲"是教师对教材的理解和感悟，是建构在对课程资源充分了解和透彻分析之后所获得的精粹。"讲"在唤醒了文字的生命力的同时，让它有温度和情感，可以更好地浸润心灵，滋养生命。

"讲"是教师对课程的一种开发和整合，它源于文本，但不拘囿于文本。文本在教师的眼中，是一扇窗，透过窗户，孩子们可以嗅到阳光和青草的味道，看到花开和听到鸟鸣。

"授"的本质是传递与传承，是教师对文本的解读与学生思想的对接，在经历了思想的碰撞之后所走向的融合。"授"的前提是教者不仅要关注作品的原生态，还要对作品进行二次创作，将自己的思想和作品进行一个恰如其分的联结，观照学生的心灵感受，不可强制，不可盲目。

诗意语文讲授课以教材为蓝本，以文化贯穿课堂，用诗性照亮心灵，引领学生在诵读、品味、感受、理解、交流的过程中，开启读书之旅，让孩子们的精神丰盈、底色润泽。

诗意语文讲授课的特点

1. 有境有格

王国维先生曾说："词以境界为最上。有境界则自成高格。"其实，课堂同样也需要境界和高格。教师要对教材的处理有宏观的视野，既要立足教材，深度挖掘，又要跳出教材，文化引领。这是当代教者的课程意识和课程开发能力。有效地整合资源，理性地取舍，感性地解读，课堂才会充满诗意的弹性和生命的张力。

2. 有"物"有我

王国维说："文学中有二原质，曰景，曰情。"依我看来，课堂上也有二原质，曰师，曰生。诗意语文课堂不是教师对文化的单纯解读和宣讲，而是要"心中有境，眼中有'生'"。

苏霍姆林斯基说过："你（教师）不仅仅是活的知识宝库，不仅仅是一名专家，要善于把人类的智慧财富传授给青年一代，并在他们心中激起求知欲和点燃热爱知识的火花。"课堂以师生对话为主旋律，这种对话是源自心灵深处，本着对知识的敬畏、对生命的尊重这一原则进行的，引领，倾听，欣赏，赞美。于漪说，"对学生的爱，难就难在'荡漾'二字"，"荡漾"

的前提则是仰慕和信任。

3. 有道有术

"术"是"技"的汇合，是对教学内容和教学思想的探索，也是教学意识的一种积极呈现，这是一种形而下的实践。"道"则是跳出教材之外，以更广博的文化视野去审视自己的教育教学，是教学理想和教育初心，是作为一个教者的虔诚，是形而上的平和和肃然。在形而上和形而下间穿行自如，方能检验出教者的劲道和功夫。

4. 有放有收

教学需要教师从广度上开拓，扩大知识的覆盖面；从深度上探讨，加强学生的理解力。所以，诗意的课堂应该是勇于放出去，善于收回来，如果说放出去彰显的是教师文化的涵养，收回来则是教师的智慧，有放有收，方为上策。

"纯粹无痕，天地归心"的讲授课范式

老子曰："人法地，地法天，天法道，道法自然。"世间万物的运行都是有律可循的。为了让诗意语文人更悠游、更幸福地行走在诗意课堂、诗意人生的路上，董一菲老师和诗意语文的前辈为我们打造出了可以学习、可以借鉴、可以交流、可以碰撞、可以反思、可以完善的诗意语文讲授课范式。我们从董一菲老师的优秀课例中能充分感受到这种蕴有形于无形中的诗意课堂范式。

参照董一菲老师的教学实录《李商隐"追寻与失落"朦胧诗群诗阅读》，我们可将此教学范式概括为六字箴言，即"起""承""宕""转""叙""合"。

1. 起：雁落平沙的静穆

"起"，是教学的起点，是课堂的第一个音符，是充满期待和盼望的回响，更是呈现文化视野和教学智慧的窗口。

其实，最高妙的词作往往起句平实、平和，如同一场戏曲的大幕徐徐拉开，不掺杂主观的情感渲染，让观众先感受原汁原味的文化。

选段一：

师：（优雅上台）今天我们要学习的是李商隐的一首《无题》。大家来看大屏幕上的这首诗，题目叫"无题"，作者是李商隐。大家知道唐代的诗歌是我们这个民族独特的文学形式，就像王国维先生所说，"凡一代有一代之文学，楚之骚，汉之赋，六代之骈语，唐之诗，宋之词，元之曲"。唐代的诗人那么多，如群星璀璨，能不能告诉老师，李商隐生活在唐代的什么时期？

董一菲老师这节课采取了直接入题的方式，由"无题"引出诗人李商隐，然后很自然地知人论世，使得课堂瞬间穿越到那个璀璨艳丽的晚唐时期。

这个环节中，教师没有主观植入，没有多说一句话，只是顺势导入，是不想让自己的主观臆断影响了孩子们的认知。其实，最好的教育是引导孩子用自己的眼和自己的心来感知世界，而不是代替和复制。

所以，语文课无需炫耀和卖弄，大道至简，朴素的语言往往能直击心灵。相对于过于华丽的课堂导语，诗意语文讲授课更倾向于朴实和自然。

由此可见，"起"这一环节的设计可以有单刀直入式的洒脱，酒入肠中的回甘，余音绕梁的重温……

但我们应时刻铭记，它永远是前奏，不是主旋律，它的作用是引出，是定调，如同品茶前的那一丝轻嗅，淡淡的，却能沁入心脾。

诗意语文的课堂节奏应该是先铺后叙，先引后发，循序渐进，娓娓道来，胜似闲庭信步，自然优雅，不疾不徐。

诗意的课堂，最美丽的姿态是率真、纯粹，既不疏离，也不炙热，就这样浅浅地，慢慢地，从本源一步步谈起，从容大气，坦荡悠然，有空山新雨的清爽，有采菊东篱的无华，有雁落平沙的静穆。

文化的基因是流淌在血液里，而不是附着在形体上。

2. 承：随风入夜的渗透

"承"，即为承接，既是对"起"的延伸，又是对"转"的蓄势，它是对文本挖掘的第一步，是预热环节，引导学生回归教材，熟悉文本，提炼问题，梳理思路，渐趋深入内核，是教师对教材的第一次处理。

所谓"承"，可以是诵读文本，知人论世；可以是预习环节的呈现，或者对文本某一处情节的探究；更可以是高屋建瓴的俯瞰和寻花问路的试探。

但不要忘记的是，它更是教师引领学生走进作品的过程，从字词句，从时间、地点和人物，从开端、发展和高潮，捋清脉络，读懂情节，为后文的鉴赏和分析铺好路。

从体会时间、地点和人物三个元素的角度渐入诗歌的意境，董一菲老师独具匠心。

选段二：

师：（和蔼地引导学生）……任何一首诗，即使是抒情诗，也会有这样的元素：时间、地点、人物。这首诗写了一个怎样的时间？呈现了一个怎样的地点？有怎样的人物呢？大家思考，稍微讨论一下。

生：我认为应该是在一个夜晚，因为诗中写了"月光寒"。

师：（循循引导）那是确定的某年某月某日的一个夜晚，还是就那么一个夜晚？是明确的，还是模糊的？

生：（犹豫一下）就那么一个夜晚，应该是模糊的。

师：（对学生微笑以示表扬）真好！那样的一个夜晚。此外，还有没有别样的理解？时间上还有谁能补充？

生：（女生，声音略低）我认为还应该是一个晚春。

师：（走近学生）一个晚春！春天已经很美了，居然是一个晚春，从哪里得到的信息？

生：（放大声音）"东风无力百花残"。

选段三：

师：（走到另外一排学生那里）好，我们看一看地点，这样的故事，这样的情愫，这样一段刻骨铭心的情感，发生在什么样的地方？

生：我认为应该在蓬山。

师：（微笑着追问）蓬山，你对词语的敏感度非常强。蓬山在哪里？哪个省，哪个市，哪个县？是在中国还是国外？

生：（略思索）是在中国。

师：因为同学们手中没有注释，老师告诉同学们，蓬山是传说中的仙山，那里住着中国的诸神，相当于古希腊的奥林匹斯山，那里住着宙斯等西方诸神。你能告诉我蓬山是什么吗？

生：是蓬莱。

师：（亲切地追问）那是什么样的所在啊？

生：（齐答）仙山。

师：那是瀛洲啊，是仙境啊，是这样的地点。蓬山，我们相遇的地点，我们约会的地点。今生你我相聚蓬山，今生我寻找你于蓬山。中国诗人是怎样写诗的？大家知道乡愁诗人余光中，他曾经写了一首诗叫《下次的约会》，"上次约会在蓝田，再上次，在洛水之滨"。

师：（微笑追问）他为什么要这么说？他是想说，我和我的意中人，我们曾经约会在蓝田；他是想说，我的情感不仅是今生今世，还是——

很大很美的教室

生：（齐答）永生永世。

师：回答得真到位。前生前世，来生来世。于是他说，约会在蓝田。李商隐也会这么表达，他说，你住的地方就是——

生：（齐答）蓬山。

选段四：

师：都说十七八岁的你们，心灵离诗歌最近，今天看出来了，你们的心灵离李商隐诗歌的距离远远近于我。非常棒，时间是这样的时间，地点是这样的地点，那么这首抒情诗的主人公是谁呢？咱们来看大屏幕，为了找到抒情主人公，请同学们为这两句诗随意地加主语。是谁，"晓镜但愁云鬓改"？又是谁，"夜吟应觉月光寒"？

生：我"晓镜但愁云鬓改"，我"夜吟应觉月光寒"。

师：同样的主语。为伊消得人憔悴的都是我。还有其他的填法吗？肯定是有的。

生：众人"晓镜但愁云鬓改"，唯予"夜吟应觉月光寒"。

师：（深沉地解说）"唯予"，非常有想象力。"众里寻他千百度，蓦然回首，那人却在灯火阑珊处。"大千世界，爱你唯有我，懂你唯有我。真好，还有其他的填法吗？

生：君"晓镜但愁云鬓改"，吾"夜吟应觉月光寒"。

本节课上，孩子们正是在这一系列问题的引领下，深入诗歌，还原意境，渐渐地明白了晚唐的夜晚不仅凋零了百花，而且伤感了人心；蓬山不仅是一座仙山，而且还是诗人前世今生的"洛水之滨"；心灵的对话不是响彻在耳畔，而是回荡在亘古荒山。

在衣食无忧的生活中过久了，用于体察周围的智慧就锈蚀了。董一菲老师告诉我们，智慧来源于生活，生活是最朴素的，所谓的神来之笔不过是曾经的初心和起点。

站在学生的角度去审视一切，你会发现原来最美的风景其实是在脚下。一首令后人迷惘、叹惋、咨嗟不已的朦胧诗，不过是用时间、地点和人物架构的迷宫，而作为旁观者的我们，竟然被别人设置的陷阱困在了远方，殊不知扪心自问，遵从本心是解开密码最好的方法。

3. 宕：江河入海的铺排

"宕"充满着变化，有气势，有黄河之水天上来的磅礴，有长河落日的壮观。在文本的基础上延展、升华，大开大阖，腾挪激荡，既有文化的繁花似锦，又有语言的千姿百态。

"宕"是检验教师文化视野和教学智慧的环节。

在对三个元素的探讨中，学生们在董一菲老师的引领下，走进了大观园，来到了奥林匹斯山，流连于辛弃疾的灯火阑珊处，邂逅了断桥的一段千古之恋，体会了罗密欧与朱丽叶的生死之恋。

选段五：

师：（微笑着望着学生的眼睛）春是四季的四分之一，春天有三个月，她说，这是晚春，理由很简单，"东风无力百花残"，这么好的基础！那么，董老师想追问，除了"晚春""晚唐"这样伤感而有表达意义的词之外，还可以怎么说？

生：（自信地说）暮春。

师：（眼神表扬）太棒了！黄昏、暮春，永远的伤感！所以《红楼梦》里黛玉会说："花谢花飞花满天，红消香断有谁怜？"（生附和）多么好的基础！全班齐读这首《无题》。（生齐读）

选段六：

师："君"是敬词啊，真好。对女性的礼赞，很棒。这是写了一段爱情，甚至是一种无望的爱情、绝望的爱情，因为你在蓬山，仅仅是与人相恋吗？比如，那个美丽的传说，发生在杭州西湖的断桥，是谁和谁的爱情？

生：（齐）是白娘子和许仙。

师：如果说许仙是人，那白娘子是——

生：妖。

师：非常好。人与妖相恋，白娘子为了这段爱情修炼了千年，后来是一个悲剧的结局，那为什么不可以说，她"晓镜但愁云鬓改"，她"夜吟应觉月光寒"？可以的。你还有怎样的想象？

师：（微笑）仅仅是中国的还不够，世界上有那么多的国家和民族，有那么多优美又伤感的恋情，你还想到了谁和谁的恋情？

生：我想到了，朱丽叶"晓镜但愁云鬓改"，罗密欧"夜吟应觉月光寒"。

师：非常好，也可能是两只蚂蚁的恋情，是一只鸟和一棵树的恋情，这就是朦胧多义，让你有无尽的想象。这就是诗，这就是李商隐的诗，这就是晚唐的诗，这就是晚唐诗的美丽。

在董一菲老师的引领下，学生们由"晚春"这个时令想到晚唐，一个"晚"字道不尽其中的忧伤与无奈，又想到了那个外表华丽、内里虚空的大观园。在无形之中，寓教于乐，学生渐趋明朗，品读情感的方式其实源自字斟句酌，一个看似普通的形容词却是承载沧桑情感的摇篮。

迁移延展是"宕"的特点。教师根据课上学生的阅读面和理解力，抓住授课过程中的生长点巧妙点化、延伸，让学生从更高更广的空间去思考。这节课上，董一菲老师将"蓬山"延展为"仙山"，从而让学生领会这个意象背后的文化色彩。由诗中的爱情拓展到罗密欧与朱丽叶之间的爱情，这是引领学生站在东西方文化的角度去感受穿越时空和国界的情感同样是恒久美丽的。

"宕"可以是类比，可以是对比，可以是延伸，可以是拓宽，可以是横向浏览，可以是纵向梳理，可以是古今文化的比较，也可以是中西方文化的碰撞；可以教会学生从美学的角度去发现，也可以让学生发散思维、合作探究，引领他们体验哲学、社会学的广阔。

中学语文教学的宗旨是培养学生全面的语文素养。这种能力的获得不仅仅来自教材本身，更来自教师对教材的定位。

教材是教之本，但却不是教之规。

董一菲老师在《仰望语文的星空》中说："好的课程建构应该是优化教学资源之中的共生课程观，文本是课程，但教师也是课程，学生也是课程，好的课堂建构应是教师、教材、学生一个都不能少。"所以，课堂一定是激荡着文本、学生和教师的情感与智慧的，教师的顺势引领让课堂承载着文化的力量。语文教师要有二次处理教材的能力，以教材为基点，放飞思想，拓宽视野，才能让学生走出去。

此环节是讲授课的核心，要求教师大开大阖，有放有收，既要引领学生走出书本和课堂，让他们放飞思想，开阔眼界，提升自我，又要关注问题的核心，向思想和文字的更深处漫溯。一放一收，体现了教师过硬的基本功和丰厚的学识涵养。游刃有余、举重若轻的能力建构在等身之高的阅读量上以及无数次与文字的碰撞中。

4. 转：柳暗花明的回归

"转"是暂时的收束，是短暂的回归，是将学生的视线重新带回教材，由表象探究内里的关键环节。在此，学生的思想和教材进行理性的碰撞。在教师有意地对学生的思想进行多方面、多维度的渗透和补给之后，他们站在了一个前所未有的高度，再去品悟和理解教材的思想，就会豁然开朗了。

选段七：
师：无人倾诉、无法诉说、无寄处的"难"才是天下的最难。好，大家看李商隐"相见时难别亦难"，他心爱的人在哪里？

生：蓬山。

师：蓬山是在中国人的内心里。如何抵达？大家看，从这个意义上来看，我们是否可以说李商隐真的很勇敢呢？

师：（指大屏幕）联系上下文，看看背景资料。董老师高度概括了一下，总共16个字——九岁丧父、牛李党争、夕阳晚唐、漂泊无依。

师：这就是李商隐，他为什么可以把表达情感的诗写得如此深情，如此绝望，如此伤感？因为一个男孩子九岁丧父，他需要支撑起整个家。

师：（深情地表达）"牛李党争"，他生活在两党之争的夹缝中。李党之人认为他是牛党心腹，牛党之人认为他是李党之徒，于是他被永远边缘化。这样一个才华横溢的男子，生活在夕阳中的晚唐，终生漂泊无依，仕途不畅。好，我问一下仕途不畅的"仕"怎么写？

师：（指大屏幕）终生没有做官，我们再理解他恐怕就多了一层懂得。就像张爱玲所说，"因为懂得，所以慈悲"。我们看李商隐写了好多的无题诗，他将自己那么多的诗命名为"无题"，因为他的情感是缠绕的，不仅是给某个女子，还有他的事业，他的生命。

当学生阅尽千帆之时，董一菲老师适时地将学生的思想重新牵回到诗人李商隐身上，还原李商隐生活的时代和他的经历，学生就不难理解众多"无题"的背后其实是诗人破碎的心和纠结的灵魂。

"转"的环节可以丰富学生的认知和感受，让他们领略文化的浩渺，引发他们内心深处的向往，也是学生从幼稚走向成熟的关键环节。

有人说，语文课应该是文化大餐，学生身处其中，不仅满足他们的口腹之欲，更要让他们欣赏到一场视听盛宴。

课堂不可能是平铺直叙，应该充满着变化，因为思维是跳跃的，思想是自由的，文学是没有边界的，所以一节好课必然是充满节奏和惊喜的。在孩子们的思想信马由缰、漫无边际地溢开去的时候，教师要能适当无痕地收束，让他们回归到问题的本源。课堂的文化视野取决于教师的学识，学生的追本溯源则考验着教师的教学能力。

当学生沉浸在文化的长廊里乐而忘返之时，董一菲老师适时地用一句"世界上最遥远的距离不是生与死，而是你在蓬山，我无法找到你"，将学生拉回到诗歌的主题，进而引出对"诗眼"的探讨。"相见时难别亦难"出现了两个"难"，和唐婉的《钗头凤》中的"难，难，难"相比，谁更难？可谓一石激起千层浪。孩子们分别站在两首诗的角度去体会李商隐的无奈和唐婉的凄楚。在多次的解读和碰撞中，孩子们逐渐明确了对词和句的理解和感悟，应该站在诗人所处时代的风云中，才能更准确地去感知他们丰富的心灵世界，也才能体会诗词背后所传递的无穷的艺术魅力。

一切的方法固然都是为解决问题，而当方法已经不仅是方法，变成了一束光，照亮迷途，指引出口的时候，恐怕就是云淡风轻、花开花落的胜景和回归。

5. 叙：星垂平野的开阔

如果说"转"是思维的溯源，是文本的回归，那"叙"则是对教材的第四次开发，是文本的再次延伸，也是教学的难点。引领学生就一个知识点或者细节进行比较分析，发散思维，让学生由点及面，由面及象，概括提炼品读和鉴赏的方法，是检验学生触类旁通、举一反三能力的实践环节。

"黛玉对李商隐的两句诗情有独钟，你觉得是哪两句？"此环节重在考查学生对李商隐系列朦胧诗的了解和把握，同时要求学生对《红楼梦》有所涉猎，洞察黛玉的身世经历、情感个性，找到和李商隐诗句的契合点。其实，这就是我们所说的教材处理上的难点。可是，在董一菲老师前面充分的铺垫下，学生对李商隐以及他的诗句、情感有所领悟，这个难点自然水到渠成地解决了。

"叙"需要教师站在文本之上，具有包容性、兼容性和生长性，能够选取有效的整合点，对知识进行再一次的蒸馏，使之潜移默化地渗透进思想和意识中。

6.合：清泉流石的无痕

"合"是师生思想的合流，是对文本的豁然开朗，是拨云见日之后的清新，更是清泉流石的无痕。

"合"的形式多样，可以从教材内容上收束，也可以从方法上归纳，更可以是课堂内容的延伸，一次小练笔，一次小辩论，还可以是整本书阅读的起点。最好的尾声不是结束，而是全新的开始，让课堂内容在学生的心底开花、结果，让文化走进学生的世界就是诗意最深情的绽放。

在"合"这一环节，教师引领学生再一次审视文本，将学生的感受和文本的思想灵魂进行深层次的碰撞。这是意犹未尽的不舍，是无声胜有声的宁静，也是另一次思想的起航，更是走出课堂的余音绕梁。

"请你用一个或几个形容词表达你对这首诗的感受"，当孩子们口吐莲花，一系列富有张力、魅力和弹性的词语脱口而出，课堂在悄然开阖的节奏中落下了帷幕。

选段八：

师：（面向全体学生，亲切地说）读到这里，我们尝试背一下李商隐的《无题》。请你用一个或几个形容词表达你对这首诗的感受。

生：朦胧、飘渺。

师：（点头认可）若隐若现，那份情感你似乎懂得又不懂得。

生：感伤。

师：（作比较分析）"伤感"和"感伤"，一颠一倒，表意完全不同，这就是中国汉字的魅力。

生：悲切，愁上加愁。

师：问君能有几多愁？

生：（齐）恰似一江春水向东流。

师：李煜的愁是为家国，李商隐的愁是为爱情，这里的爱情是广义的。

生：忧愁。

师："忧从中来，不可断绝。"既是曹操时代的精神，更是晚唐的气象。

生：悲痛。

师：悲"tòng"的"tòng"，你会写几个？能不能写出比痛苦的"痛"更深的"tòng"？

生：竖心旁加个"动"。（掌声）

生：婉转。

师：（诗意地解读）绝不道破一个字，就这样峰回路转，却不见君，君在蓬山上。

生：含蓄。

师：（深情地解读）含蓄隽永，蕴藉风流，悲而不伤，乐而不淫，传统诗歌之大美。

生：惆怅。

师：（用饱含期待的眼神望着学生）"我是人间惆怅客"，这是谁？清代最有名的诗人。有人说，贾宝玉就是照着他的样子写的，他的父亲是康熙时代的权臣，他的名字叫——（生齐说）纳兰性德。纳兰性德，在精神气质上，李商隐与他何其相似。

生：忧郁。

师：（深情解读）忧郁是一种高贵的气质。莎士比亚塑造了一个忧郁的丹麦王子哈姆雷特，在这里读到人类最高贵的情感之一，你真了不起。孩子们都有自己的解读，非常漂亮！学无止境，我们可以向外延伸。下面是作业：一个中学生杂志邀请你为李商隐的诗写一段推荐语。

师：（语调铿锵有力）刚才口语的表达，尚且如此典雅，如此有见识，书面的表达更不成问题。好，下课！

这一个或者几个形容词不仅仅是语言的魅力，是阅读的感受，更是无

很大很美的教室

数次思维碰撞和交汇、升腾而又回落、体验和感悟的结晶。

这节课上，孩子们体悟到的不仅仅是李商隐朦胧诗中的无奈、复杂、纠结和凄楚，还是在无数次古今中外文化碰撞和交流中的惊喜与体验。他们应该懂得，文化在文字里，学识在书本处，快乐在思考时，成长在碰撞中。

于漪说："中学语文是教文育人。中学语文的基本任务是教文，终极目标是育人。"

诗意语文讲授课就是以文本为基础，用教师的文化视野和精神世界去引领学生走出课堂，放飞思想，在精"讲"和巧"授"中构筑一个全新的精神世界。

闻一多先生在《红烛》中说："请将你的脂膏，不息地流向人间，培出慰藉的花儿，结成快乐的果子！"作为诗意语文人，我们不是将"诗意"二字悬挂在语文的天空上，而是要将其深深地植根于自己的心灵，与血脉相连，与生命同在，用爱去擎起肩上的责任，用书香去点燃前行的梦想，用智慧去践行中学语文教书育人的神圣使命，让课堂成为生命激荡的天堂。

（陆晶：就职于黑龙江省牡丹江市第二高级中学，诗意语文工作室"发现父母"栏目主编）

清雅灵动的诗情画意，跨越时空的文化盛宴

——诗意语文阅读课范式

美学家蒋勋说："一个爱诗的人，是爱生活的。"中国的诗意，缠绵在青青子衿的风雅里，折叠在水墨丹青的宣纸上，回荡在高山流水的旋律中，奔腾在千古风流的传奇里。每一个汉字，都流淌着绵远悠久的诗意文脉；每一部经典，都承载着深邃厚重的民族文化。传承这种民族诗意文化的使命，由语文这门学科承担。《义务教育语文课程标准（2022 年版）》指出："语文课程应引导学生热爱国家通用语言文字，在真实的语言运用情境中，通过积极的语言实践，积累语言经验，体会语言文字的特点和运用规律，培养语言文字运用能力；同时，发展思维能力，提升思维品质，形成自觉的审美意识，培养高雅的审美情趣，积淀丰厚的文化底蕴，继承和弘扬中华优秀传统文化"。

董一菲老师的诗意语文阅读教学，犹如一首鸾吟凤唱的钧天广乐，在师生、生生互动中创设真实的语用情境，培养语言文字运用能力；又似一幅清雅灵动的缤纷画卷，在丰富多彩的语文活动中提升学生的思维品质，培养高雅的审美情趣；更是一场跨越时空的文化盛宴，引领学生积淀文化底蕴，继承和弘扬中华优秀传统文化！董一菲老师用诗歌一样涓涓流淌的语言滋润心田，唤醒诗意情怀，引领智慧生成。一颗颗诗意的种子，在氤氲着诗情画意的课堂上发芽、生长。

曲径通幽问无痕，春风化雨润物生

"学起于思，思起于疑，疑解于问。""智者问得巧，愚者问得笨。"教学是一门艺术，精巧而有吸引力的提问是诱发学生思维的发动机，能开启学生兴趣的大门，优化课堂教学，提高课堂教学效率，还可以给予学生智慧的启迪和美的享受。

诗意语文课堂的问题设计极具艺术性。含蓄蕴藉、言在此意在彼的曲问，如庖丁解牛一般，自然切入，无痕引领，巧妙地引出老师、学生、文本三者之间的对话。

比如，董一菲老师在《故乡》一课中，设计了四个问题。

1. 如果让你为鲁迅的小说《故乡》改编的同名电影设计一幅海报，对于画面的人物，你将选择小说中的哪一个或哪几个？

2. 如果让你来设计一幅《故乡》电影的海报，你选择什么色调？为什么？

3. 选择一下海报的背景，用什么样的景物呢？

4. 海报中"故乡"二字用什么字体？

这四个问题，围绕海报设计展开，实际上是将语言材料转变为另一种形式的重新组织策略。海报设计是视觉传达的表现形式之一，通过版面的构成在第一时间内吸引人们的目光，并获得瞬间的刺激。这要求设计者将图片、文字、色彩、空间等要素进行完美的结合，以恰当的形式向人们展示出宣传信息。可以说，海报是一种视觉语言，海报上的人物、色彩、背景、字体的选择都要突显电影主题，也就是文本的实质。

第一个问题，海报的人物其实就是文本中最具代表性的人物，是小说最关键的一个要素，学生的选择代表着他对小说中这个人物的理解。通过这个环节的对话，学生就完成了对人物形象的分析与品味。

第二个问题，色调是情感基调诉诸视觉的结果。围绕这个问题，学生可以展开关于小说主题思想的对话。

第三个问题，背景景物的选择显然是对小说中环境烘托的探究。

第四个问题，字体的选择，关注的依然是小说的主题。

以上四个问题，紧紧围绕小说的三大要素，却避开枯燥无味的提问方式，以"海报设计"这种新颖有趣的活动形式，大大激发了孩子们参与学习的热情，化难为简，调动了学生参与学习的热情，让学生灵动巧妙地在师生对话、思维碰撞中逐步深入文本，深化对小说的理解。

不仅如此，这四个问题还给孩子们提供了很大的创造性空间。叶澜教授说："一个真正把人的发展放在关注中心的教学设计，会为师生教学过程创造性的发挥提供时空余地。"小说的主题本就是多元的，问题的设计少一些追求标准答案的束缚性，学生的回答也能呈现出多元的理解。比如学生对海报色调的选择：

生1：我选择的海报颜色是枯黄，因为小说的开篇便是"苍黄的天底下，远近横着几个萧索的荒村，没有一些活气。我的心禁不住悲凉起来了"。枯黄色，代表着荒凉与衰败。

生2：（自信）我用黄色，因为黄土地是中国的象征，故乡就是故国，就是华夏，黄土地的颜色是对"苍黄的天底下"中"苍黄"一词的演绎。

生3：我用褐色，岩石的颜色，毫无生机，表达沉默，那种"不在沉默中爆发，就在沉默中灭亡"的危机、危险，那份愤怒与忧伤。

生4：我选择深蓝，《故乡》中有这样的描写："深蓝的天空中挂着一轮金黄的圆月……"深蓝是夜空的颜色，也是旧中国的写照，压抑而忧郁。

生5：我用"碧绿"作为主色调。"下面是海边的沙地，都种着一望无际的碧绿的西瓜"。"碧绿"是田野的颜色，也是故乡的颜色，曾经的故乡，有少年闰土，充满了希望，充满了勃勃的生机。

生6：我用银白作背景。"这不能。须大雪下了才好。我们沙地上，下了雪，我扫出一块空地来，用短棒支起一个大竹匾，撒下秕谷，看鸟雀来吃时，我远远地将缚在棒上的绳子只一拉，那鸟雀就罩在竹匾下了。什么都有：稻鸡，角鸡，鹁鸪，蓝背……"银白色的雪的故乡。

生7：我用灰色。小说里的故乡有两个，二十年前的故乡和二十年后的故乡，二十年后的故乡是灰色调的，毫无生机，杨二嫂由豆腐西施变成了细脚伶仃的圆规，小英雄闰土变成了灰头土脸麻木的中年人，所以我用灰色来作底色。

生8：（语速较慢，略显沉重）我用红色作主色调，红色是血色，故乡变了，故乡的人变了。"多子、饥荒、苛税、兵、官、绅"都苦得他像木偶人了。红色可以反衬，侧写闰土的悲剧。文中写杨二嫂："我孩子时候，在斜对门的豆腐店里确乎终日坐着一个杨二嫂，人都叫伊'豆腐西施'。但是擦着白粉……"美丽端庄安静的杨二嫂就这样消失了。……故乡的沧桑沉沦就应该用红色状写。

在董一菲老师精心预设的开放问题的引领下，8个孩子的回答异彩纷呈，真正体现出生命个体的丰富性。学生在思考和回答的时候，脑海里逐渐呈现出这样一幅幅诗意流动的画面，表明他们对文本的理解也在逐步加深，其语用能力、审美能力、创新思维都得到了进一步的发展。

邀来春色满园秀，三味无穷余韵长

于漪说："我们确实要有点文化积淀。我们的语文内容丰富复杂，它的家属成员很多，它的社会关系非常复杂，字词句篇，读写听说，并且跟很多学科都有关系。因此对这些问题，我们必须作出哲学思考。"[1]诗意语文课堂追求"文学味""文化味""美学味"，旁征博引，穿越时空，贯通中西，

---

① 于漪.语文的尊严［M］.太原：山西教育出版社，2014.

真正融汇了"书画琴棋诗酒花"的多重文化审美，诗情盎然，画意流动。

如在《故乡》一课中，董一菲老师引用了海德格尔的诗句"我们怀着永世的乡愁寻找心灵的故乡，而故乡永远在大陆的中央"导入，是诗意的，也是哲学的；用美术的方法解读小说，以视觉形象呈现对文本的理解，打通了文学与美学的界限；说到杨二嫂的姓名时，拓展到《呐喊》里众多的人物名字：孔乙己、阿Q、洋鬼子、夏瑜、祥林嫂……引导学生勾连旧识，明确"每一个名字都寓意无穷"；关于海报色调的对话中，引用了俄罗斯画家列宾的主张"色彩即思想"及白居易《琵琶行》中的诗句"血色罗裙翻酒污"帮助学生深化文学与美学的联系；最后一个环节又以书法解注对文本的理解。

这样打破界限的诗意融汇，给了孩子们一个淬炼素养的生命场。在探讨海报上的人物闰土和杨二嫂这个环节，董一菲老师提问学生：如何表现他们最经典的一面？鲁迅先生在刻画这两个人物形象时，有什么不同？孩子们的回答丰富深刻。

生1：少年闰土是动态的，中年闰土是静态的。"其间有一个十一二岁的少年，项带银圈，手捏一柄钢叉，向一匹猹尽力的刺去，那猹却将身一扭，反从他的胯下逃走了。"一连串的动作描写，熠熠生辉。中年闰土是麻木的："他站住了，脸上现出欢喜和凄凉的神情；动着嘴唇，却没有作声。"少年闰土鲜活美好，中年闰土像一个无声的影子、木偶人。

生2：少年闰土是五彩的、光鲜的，如"深蓝的天空中挂着一轮金黄的圆月"中的"金黄""深蓝"，"都种着一望无际的碧绿的西瓜"中的"碧绿"，"我们日里到海边捡贝壳去，红的绿的都有。鬼见怕也有，观音手也有。晚上我和爹管西瓜去，你也去"中的"红的绿的"。

中年闰土是黑色的。"他头上是一顶破毡帽，身上只一件极薄的棉衣，浑身瑟索着；手里提着一个纸包和一支长烟管，那手也不是我所记得的红活圆实的手，却又粗又笨而且开裂，像是松树皮了。""脸上虽然刻着许多皱纹，却全然不动，仿佛石像一般。"中年闰土压抑而沉闷，让人看不到生活的希望。

生3：杨二嫂二十年前后的对比，之前是美丽而娴静的，之后是吵闹和粗糙的。画面上可用现在和过去两幅肖像的虚实进行对比。

他们在美的激荡中，对小说中人物的理解有超越年龄的深刻。

于漪老师有一条宝贵的教学经验是"联系，扩展，增添感情浓度，形成余音绕梁"。在《子衿》教学案例中，董一菲老师多维、多元联系扩展，反复渲染诗情，使学生达到艺术情感的共鸣。

首先，以诗解诗，引用了《送杜少府之任蜀州》《浣溪沙（残雪凝辉冷画屏）》《相见欢（无言独上西楼）》《雁门太守行》《你是人间四月天》《天空，非常希腊》《将仲子》《狡童》《赠刘景文》《生查子（春山烟欲收）》《我要从所有的时代》《短歌行》诸多篇目中的诗句，衬以笛箫合奏的民族古典音乐。接着又延伸至《红楼梦》《背影》《荷塘月色》的相关内容和情结，还以西方画家波提切利的画作《春》启发学生，以画解诗，化抽象为形象。最后，再加上董一菲老师优雅唯美的诗意语言，行云流水般从容自若地铺染开来。整个课堂珠联玉缀、绚烂缤纷，宛若一场文化艺术的盛宴。学生跟随着董一菲老师的艺术引领，在师生互动、生生互动的过程中，在摇曳生姿的诗情里，在清雅悠长的画卷中，在新旧知识的勾连中，在多元文化的对比中，反复出入文本，贴近作者的心，读懂了《诗经》，也读懂了我们的民族文化。

《子衿》最后一个教学环节，董一菲老师以曹操的《短歌行》为例，让孩子们读出不同的"子衿"，书写自己的"子衿"。学生有如下回答。

生1：青青子衿，悠悠我心。昔我往矣，你在哪里？
生2：青青子衿，悠悠我心。君若海角，我便天涯。
生3：青青子衿，悠悠我心。爱之此深，责之彼切。

生4：青青子衿，悠悠我心。振兴中华，倾君之力。

生5：青青子衿，悠悠我心。绿林初见，乱我心去。

可以看出来，孩子们通过这场文化盛宴的熏陶和滋养，他们的语言、思维、审美等语文素养均得到了升华，不仅能够在语言文字里发现美、感受美，还学会了爱，懂得了追寻美好诗意情怀。

东风唤醒花千树，三情融汇百蕊香

教育以生命为起点，关注的是人的成长。课堂教学中，教师的评价对塑造学生的健全人格有着不可低估的意义。诗意语文课堂着眼于学生个性化的诗意成长，通过教师、学生、文本的三位一体，诗情融汇，以个性化、灵活性、激励性、诗意化的睿智语言，彰显对学生的人文关怀，不仅营造愉悦宽松的学习氛围，还给学生创设了自我认识、树立自信的空间，激活学生思维，使之悟得更深、更广、更远。

以《故乡》课例中的一段对话为例，来感受诗意语文的智慧评价。

生：我也选择杨二嫂，杨二嫂连个名字都没有，正因为如此，她可以代表"故乡"千千万万个女性。她们是女儿，是妻子，是母亲，依附男人而存在，尤其突出的就是某男人妻的角色"杨二嫂"。

师：谈得真好！鲁迅先生特别善于命名。《呐喊》这部小说集里面似乎每一个人物的名字都意味深长，孔乙己、阿Q、洋鬼子、魏连殳、夏瑜、祥林嫂、柳妈、杨二嫂……名字的由来都寓意无穷。杨二嫂同时拥有两个绰号："豆腐西施"和"圆规"。杨二嫂年轻时的绰号"豆腐西施"和二十年后中年时的绰号"圆规"又有什么寓意？

生："豆腐西施"暗示年轻时的杨二嫂，白且美丽。

师：语言很洗练，"白且美丽"。

生："豆腐"是"白且细嫩"，"温泉水滑洗凝脂"。

生："西施"是美女的代名词。

生："圆规""细脚伶仃"，细瘦、尖锐，刻薄冷漠，甚至丑陋。

师：原来如此，二十年，一个美好的人，一个美丽的女子，变得如此丑陋不堪。

生：（恍然）对比太鲜明。

1. 互动性

在师生互动的平等对话中，老师认真聆听学生的发言，营造出一种和谐美妙的氛围，让每一个孩子都愿意主动参与到对话中。诗意语文课堂上，老师很少用"我"这个字，而是把自己放在学生与教材中，师生间的对话如闲庭散步，宁静致远，心心相印。

2. 启发性

董一菲老师在学生回答"杨二嫂"的时候，马上抓住这个生成，引导启发，深入体会"杨二嫂"名字的寓意。在学生回答"豆腐西施"和"圆规"两个绰号的寓意之后，又以这个女子二十年的变化适时点拨，启发学生领悟对比手法的应用，环环相扣，进一步生成，发展学生思维。

3. 多维性

诗意语文课堂的点评从多个角度出发，有针对回答内容的"谈得真好"，有针对语言表达的"语言很洗练"，有总结性的"原来如此……"董一菲老师有一颗慧心，一双慧眼，总能发现学生回答中的亮点，或给予高度赞美，或顺势生发引导，激活学生无限可能的创新思维。

4. 激励性

一位教育家说过："鼓励对人类而言，犹如阳光一样，没有阳光就难以生存。"董一菲老师善用激励性评价，除了以上案例外，还有诸如"你读出了超越年龄的浑厚和魅力""很有文化意味，俄罗斯画家列宾说过……""很有诗意，故乡的夜晚不仅有短笛，还有夜色和月明……""用色极其大胆，让我想起了白居易的《琵琶行》……"这些点评，给予学生极高的赞赏，并且把他们的回答与文学文化经典勾连，激发他们的自信心，教会他们以审美的方式看世界。

月章星句尽成曲，暗盈诗心几度芳

于漪说："艺术的本质就是美。只有爱美的人，才能创造美好的生活，才能在教育园地里弹奏出美的乐章。"诗歌是不老的美，诗意语文以诗歌般至真至纯的语言，使学生获得文学的熏陶、审美的陶冶，实现思维的碰撞、心灵的对话，把中国传统浪漫精神的"灵性""温柔""静敬"悄悄播种在他们心中。

孩子说：行走在天地间的可能是现代的文人。一菲老师说："现代的文人，古今的映照，走啊走，行行重行行，秦时明月汉时关。"孩子说：行者。一菲老师说："让我们来做个行者吧，脚踏大地，头顶蓝天，敬畏自然。这个时候，也许我们是侏儒，也许我们是巨人，浪迹天涯。"(《阳关雪》)

孩子说：文中描绘的景象像一幅水墨画，黑色和白色。一菲老师说："黑，颜色的终点；白，所有色彩的起点。有了终点，有了起点，便有了整个世界。"(《归园田居》)

她让孩子们给一幅叫作"青"的画画背景。孩子说，要加一棵树和草原。她说："河流，柔情似水；草，'记得绿罗裙，处处怜芳草'。"孩子说，要加月亮、河。她说："光与影有着和谐的旋律，如梵婀玲上奏着的名曲。"孩子说，加白云。她说："如云一般的思念，如月光一般的美丽。"(《子衿》)

孩子说要用银白色做背景。她说:"银白色的雪,雪给予人的感受有时不是寒冷而是温暖,是白雪歌,是'柴门闻犬吠,风雪夜归人',银白的故乡,温暖的田园。"(《故乡》)

……

这样唯美雅致的语言,诗意课堂上俯仰皆是,如一首首简约蕴藉的小诗,吐露着语文的芬芳,又如一帧帧神采风华的画面,氤氲着语文的大气象,激发学生对祖国语言文字和中华优秀传统文化的认同与热爱!

董一菲老师不仅用诗意的语言注解学生的答案,在广阔的语言天地行云流水般泼墨绘卷,更紧紧贴着文本,一次次点燃学生的文化自信。在这样的课堂上,学生始终能在玲珑多姿的汉语里聆听到生命遥远的呼唤,听到内心深处最幽微的情怀。

蒋勋说:"所有的美,都是对生命的某种超越。"诗意语文课堂用美的语言、美的画面、美的情感、美的评价创设一个个感受美、理解美、鉴赏美的语用情境,用流动的诗情画意在潜移默化中提升学生的语文核心素养,每一个学习者都能在这里得到心灵的升华。

汉语如此美丽,让人怎能不爱?诗意语文人的使命,就是用几千年沉淀的汉语的灵魂唤醒沉睡中等待萌芽的心灵,把源远流长、博大精深的汉文化传承给远离了山水田园的下一代,教会孩子们以一种高贵而美好的姿态,诗意地栖居在大地上,"为天地立心,为生民立命,为往圣继绝学,为万世开太平"。

(张菲菲:就职于陕西省汉中市教研室,诗意语文工作室"悦读经典"栏目编辑)

深水无痕，润物无声，受益无限

——诗意语文自读课范式探究

诗意地栖居，是人生的一种境界。让诗意在岁月的河流中流淌，让教师在诗意的语文中徜徉，让学生在诗意的教学范式中感受语文之美，这应该是诗意语文人毕生的追求。自读课文，可以让学生独立思考，读出人生，读出诗意，读出理想，读出未来。董一菲老师的自读课教学，遵从《普通高中语文课程标准（2017年版2020年修订）》要求，"从祖国语文的特点和高中生学习语文的规律出发，以语文学科核心素养为纲，以学生的语文实践为主线"，始终用诗意的思想和理论充实课堂，用诗意语文教学范式打造课堂，简约设问、缤纷作答，以对话的方式，力争让学生在深水无痕、润物无声的诗意润染下，提升能力，提升素养，有所受益，有所收获。

"粗缯大布裹生涯，腹有诗书气自华"

朱永新先生曾说："一个人的精神发育史就是他的阅读史。"大量的阅读，能够让人从蒙昧走向文明，走向多彩的世界，感知人类的发展，感受文学的魅力，拥有深厚的文学功底。深厚的文学功底是一名出色的语文教师的"必备武器"。我们对阅读心存敬意，通过阅读，可以让素养在文学、史学、哲学、美学等多个方面得到提升，为诗意语文课堂提供坚实的理论基础，让课堂有支撑、有高度。中学诗意语文课堂范式是董一菲老师及其工作室成员历经多年开发出来的。无论是在理论上还是实践中，中学诗意语文课堂范式都以课堂为根本，以教材为依托，以学生为主体，坚持从理论上探讨诗意语文课堂的内涵、价值，从实践中探索语言、文字与教学的规律，最后总结出简洁高效的教学范式，来推动当下诗意语文教学朝着科学化、规范化、多元化的方向发展。

人类最美的姿态是读书的姿态。读书能帮助自我走出"狭小"的时空，回首历史长河，触摸时代脉搏，观照广阔的生活，在思考中领略境界的高远与胸襟的广阔。语文教师要有书底儿，因为这是语文课堂的源头活水。特别是在语文自读课文教学中，如何将 45 分钟课堂的狭窄时空延展到更广阔的空间，让课堂更多地关涉历史、文化、社会和人生，这应该是一名一线教师的追求所在。董一菲老师在处理自读课文时，按照《普通高中语文课程标准（2017 年版 2020 年修订）》的要求，以学科大概念为核心，以主题为引领，注重促进学科素养的落实，总是以一种无声的感染熏陶来带动学生学习语文，激发学生的兴趣。在讲授自读课文或者校本教材时，董一菲老师就主张学生自主预习，从不同的角度去理解、赏析文章，最后总能殊途同归，在恰到好处时让学生有种"柳暗花明又一村"的感慨。这所有的一切都源于教师、学生的大量阅读，而这种阅读，能够深深影响学生的一生。

2003 年，董一菲老师在牡丹江二中给 100 多位青年教师上示范课，班级学生围绕一篇名叫《情死》的诗歌展开高声辩论，从诗歌内容谈到诗歌情感，从古希腊神话谈到《楚辞》，从钱钟书与杨绛的爱情谈到舒婷的《神女峰》……无论学生谈什么，董一菲老师都能"接"得住。这样的老师让人心生羡慕与敬畏，羡慕的是，作为一名语文教师，广博的积累非一日之功，是长久的阅读后产生的质变；敬畏的是，或许我们可能永远都是"高山仰止，景行行止，虽不能至，然心向往之"吧。这堂公开课后，学生学习语文的热情空前高涨，开始"扫荡"各个书店。正是阅读的魅力，让学生"爱"上了语文，也让一些学生走上了从教之路。

"细雨湿衣看不见，闲花落地听无声"

1. 浅语交谈，一问一答，语言之美，诗意共赢

《普通高中语文课程标准（2017年版2020年修订）》明确要求学生在语文学习过程中"通过审美体验、评价等活动形成正确的审美意识、健康向上的审美情趣与鉴赏品位，并在此过程中逐步掌握表现美、创造美的方法"。理想的诗意语文追求百变的教学语言，贴切、自然、流畅是诗意语文教学的基本语言风格。沈从文曾说："写小说要贴着人物写。"那么，诗意语文课堂的教学语言方式就要贴着文学形象选择风格，让学生理解美、发现美、创造美。

在自读课文中，用简单的对话方式传授知识，让学生感受诗意课堂的美，提升学生素养是我们的目标。以对话方式传授知识不是课堂之中完全放任学生追求绝对的"民主"，不是简单的一问一答，缤纷作答也不是单纯的"众言堂"，追求课堂气氛活跃更不是肤浅的"热闹"。如果只是普通的一问一答，只是"众言堂"，只是"热闹"，那热闹的背后便是教师的"冷清"与"孤独"，是教师灵魂的"干瘪"，更是教材的"零落"。这种上课的方式脱离了教师，脱离了文本，也违背了基本的教育规律。如果课堂上讲究教师、教材、学生"一个都不少"，教师认真、准确、严谨地将教材上的内容教给学生，沿袭传统，这种课堂充其量就是一种灌输式教学。自读课文教学中，应该倡导的是问题简练而不简单，对话简短而不简单，既要有深度，又要有广度，还要有厚度。学生经过反复训练，才会在不知不觉中有所精进。

在《诗的色彩与民族审美》一课中，董一菲老师在讲到余光中的诗歌《等你，在雨中》时，这样设问："如果说这首诗中如红莲一样的女子、如女子一样的红莲象征的是中国古典文化，那么这中国式红莲的'红'与西

方红玫瑰的'红'有什么不同？你喜欢红莲还是红玫瑰？"这样的选择式设问让课堂氛围活跃起来。学生在红莲与红玫瑰之间不断选择，并且进行了有效的辩论。最后，学生在课堂中利用仿句简单明了地表达了观点："红莲诚可贵，玫瑰价更高。若为学习故，二者皆可抛。"课堂气氛十分热烈，而教师也没有多余赘述，作了一个简短的小结："如果说红色是打不开的中国结的话，那么黑与白就是绚烂至极归于素朴的大美，黑色是无形无色、无我无物的原始混沌，白色是无形无色、无我无物的终极空无。这是张若虚的一首《春江花月夜》，请同学诵读。"简短的小结中，既对红莲与红玫瑰进行了概括，又不忘引出下一首诗歌的话题，在问答之间加深了学生对文本的理解，拓宽了诗歌鉴赏的思路。这就是带给学生的精神启迪。

师者摆渡的是"知识"，洗涤的是灵魂，要在循序渐进中渗透诗意，让课堂不断外延，涉及历史、文化、生活，达到"细雨湿衣看不见，闲花落地听无声"的效果，让诗意的融汇变成更广阔的共赢。

2. 追本溯源，沿袭圣哲，方法之论，诗意传情

黑格尔说："方法是任何事物所不能抗拒的、最高的、无限的力量。"简约设问、缤纷作答的对话式范式应该是源自古代圣贤的谈话法。谈话法既是孔子的方法，也是苏格拉底的方法，东西方两位著名的哲人、教育家，都用谈话法来谈最玄、最深的哲理。比如在高中课文《子路、曾皙、冉有、公西华侍坐》中，孔子就讲究简约设问，文中有"点，尔何如？"的提问，点就谈一谈自己的观点。然后"吾与点也"，孔子也阐释了自己的观点，这应该是简约设问、缤纷作答的对话式范式的雏形吧！对话式的方法能够在学生与老师之间搭建起直接沟通的桥梁，让语言简练有序地阐发出来，让情感得到直接的升华。

诗意语文课堂讲究"以情传情"，利用情感因素，使诗中情、教师情、学生情"三情合一"，达到情感共鸣，而所有的情感都是以课堂的语言和对话为载体向学生传达。诗意语文课堂主张以对话的方式与学生沟通，以一

种平等的视角和身份走近学生。简约设问、缤纷作答的对话式范式与诗意语文课堂的思想要求相契合。在《卜算子·咏梅》一课中，董一菲老师简约设问："这首诗不是托物言志吗？不是托物抒情吗？请你做这样一项工作：这首诗有许多字，如驿，如桥，请一个同学读，一个同学找托物言志的物在哪里。"而后，学生们积极踊跃地发言。有人说"已是黄昏独自愁"中的"黄昏"，有人说"一任群芳妒"中的"群芳"，还有人说是"零落成泥碾作尘"中的"泥"和"尘"……在一问一答、一来一回中，学生感受到了诗歌中那抹难忘的爱情。在赏析《卜算子·咏梅》的同时，董一菲老师又宕开一笔，将话题引到了陆游的《钗头凤》上，将陆游的爱情与"只有香如故"中的"香"进行联系比较，让所有人认识到了一位忠于爱情的陆游。与此同时，董一菲老师又将话题引到"僵卧孤村不自哀"，引到陆游的爱国情怀，继续简单发问："陆游曾经这样形容自己：'何方可化身千亿，一树梅花一放翁。'梅花有着不同的象征，如果为《卜算子·咏梅》画一幅画，你怎么画？"学生们深入思考，将陆游的形象与梅花结合，概括出了陆游的精神品格，达到了预期的教学效果。

"墙角的花，你孤芳自赏时，天地便小了。"语文教师给学生展开的生命画卷应该是宽广的，这样学生的思想才会活跃，才会有更多的火花闪现。而简约设问、缤纷作答的对话式的诗意语文范式便是开启大门的钥匙，用对方法，定能受益无限。

3. 文化文脉，品质品位，经典之思，诗意传承

"发展独立阅读的能力，灵活运用精读、略读、浏览等阅读方法，从整体上把握文本内容……努力从不同的角度和层面进行阐发、评价和质疑，对文本作出自己的分析判断。""注重个性化阅读，学习探究性阅读和创造性阅读，养成相互切磋的习惯，乐于与他人交流自己的阅读鉴赏心得，展示自己的学习成果。"《普通高中语文课程标准（2017 年版 2020 年修订）》的要求与我们当下的自读课文教学有着高度契合的地方。

自读课文不同于讲读课文，有时在紧张的高中教学中容易被忽略，地位尴尬。按照相关教学计划，自读课文占用的课时数较少，那么如何在承受高考压力的语文课堂中让学生在较少的课时安排下，读懂、学透自读课文，着实考验语文教师的功力。如何让自读课文真正发挥其最大作用，一直是一线教师苦恼的问题。常言道："授之以鱼，不如授之以渔。"道理其实很简单，鱼是目的，钓鱼是手段，一条鱼能解一时之饥，却不能解决长久之饥。找对方法就能达到事半功倍的效果。

"约而达，微而臧，罕譬而喻"，便是最好的方法。出言简约，显达易解，义理微妙，说之精善。做到简约，便能让课堂节奏更加紧凑，主旨明确，纲目简明。同样，教师的话虽精练，但不可不精彩。教师的语言带"彩"，妙语连珠，那学生自然就会"仰之弥高，钻之弥坚……夫子循循然善诱人，博我以文，约我以礼，欲罢不能"。学生只有不断阅读，不断钻研，才会在课堂上呈现缤纷作答的情景。教师将这种简约设问、缤纷作答的对话式范式运用到自读课文中，就能改变自读课文的尴尬处境，让自读课文发挥本来的作用，甚至改变语文教学中功利化、试题化的现状。

《普通高中语文课程标准（2017年版2020年修订）》明确要求，为不同需求的学生提供更大的发展空间。简约设问、缤纷作答的对话式范式便是在教的方式与学的方式上协调一致的结果。正如泰戈尔的一句诗所言："不是槌的打击，乃是水的载歌载舞，使鹅卵石臻于完美。"如果把学生比作鹅卵石，我们教师就应该是那流水，载歌载舞，才会有鹅卵石的完美。简约设问、缤纷作答的对话式范式就是如此，不仅有教师的发问，还有学生的精彩回答，教学相长，师生共进。

"水到渠成本自然，行满功成就"

一节完整的课，讲究水到渠成，提倡"不曾预约的精彩"。这应该是教师、学生和教材三者合一。学生在课堂中经常会被问："哪个好呢？好在哪里？"教师以这样连续式的问题进行发问，目的是让学生有话可说。第一个问题就是一道选择题，有了第一问之后，学生的思路就会得到一定的缓冲，第二个问题也将迎刃而解。在整个设问过程中，教师思路清晰，语言简明扼要，每一个简单的设问看似平常却并不简单，旨在引导学生深入思考。

学生是参与课堂的主体，在回答问题时，我们要允许学生有不同的答案和意见，特别是在诗歌教学中，诗歌鉴赏本就追求个性，每一个学生都是一个好的答案创造者，每一次作答都是一次思想的凝聚、智慧火花的碰撞、师生之间的情感沟通。在自读课文中，以对话方式进行教学，能够有效缩减沟通时间，提高课堂效率，让每一个教学瞬间背后都有一片令人心驰神往的汪洋。

每一节课可能都会有不经意间的动态生成，这应该就是"不曾预约的精彩"。这种动态生成不在教师的基本预设下，是师生、生生互相沟通交流中的火花碰撞，应该是自然形成的教学亮点。叶澜教授曾说："课堂应是向未知方向挺进的旅程，随时都有可能发现意外的通道和美丽的图景，而不是一切都必须遵循固定线路而没有激情的行程。"如果我们能将这种课堂的动态生成化用成教育良机，那课堂一定会呈现勃勃的生命气息。在讲授席慕蓉的《一棵开花的树》时，董一菲老师请学生鉴赏这首诗歌。一位同学说，"这首诗歌很美，美就美在曲径通幽处"，恰巧另一位同学表达观点时用了一句"美就美在柳暗花明处"，此时董一菲老师及时进行简短的总结："两位同学的点评特别有新意、有特点。"这种不经意间的动态生成应该是让人难忘的，学生与老师间的默契互动能够促进良好师生关系的形成。正如在讲授《蜀相》时，课堂氛围一度有些沉闷，当谈到"隔叶黄鹂空好音"一句中的"空"字时，有学生想到"徒劳，白白地"的意思，教师顺势讲了中国古代绘画的"留白"艺术，学生也想起了一句熟悉又颇有留白特色的诗句——"别有幽愁暗恨生，此时无声胜有声"。在学生说完这句之后，教师继续点拨，"绘画中的留白与语言文字间的留白是略有区别的"，因为

　　　　　　　　　　　　　　很大很美的教室　●

这问题需要学生参与回答，学生的积极性被调动起来，课堂气氛逐渐"回暖"。这种动态生成的内容是不可多得的记忆。

"问渠那得清如许？为有源头活水来"

一堂语文课，以简约设问，用缤纷的语言作答，用简单的方式对话，看似每个环节都很清晰明确，但真正操作起来却不容易。在实际的语文课堂教学中，知识固然重要，但知识之外、能力之外，语文课堂还追求学生内在品格的养成。这些东西并不能以说教的方式灌输给学生，而要以身教的方式一点一滴去影响学生。这就需要教师具备以下基本素养。

1. 广博的知识结构

中国文学在一定程度上是一种生命哲学，拥有着无与伦比的理性美。正如顾城那句"黑夜给了我黑色的眼睛，我却用它寻找光明"一样，当我们站在人生的高度，用带有哲思的眼眸去审视这些诗歌，或许就能品评出诗歌的高雅。可是，教师仅有哲思是不够的，还要有一种超功利性的理念。《普通高中语文课程标准（2017年版2020年修订）》强调，"应在课程标准的指导下，提高教师水平，发展教师特长，引导教师开发语文课程资源，有选择地、创造性地实施课程；把握信息时代新特点，积极利用新技术、新手段，建设开放、多样、有序的语文课程体系，使学生语文素养的发展与提升能适应社会进步新形势的需要"。

教师要让自己的课堂具有书卷味，充满文化底气，让教学语言具有文化魅力，让自己在举手投足之间拥有人文气息。这种种想法想要变成现实，就需要教师真正博览群书，建立广博的知识结构。这种知识结构不仅仅是在文学方面，还应该包括哲学、美学、史学等方面。可是，只是教师有广博的知识结构，课堂不一定是完美的。教师不但要利用下班时间补充精神给养，也要让学生补，让学生从《楚辞》"若有人兮山之阿，被薜荔兮带女萝"开始背起，一直背到汪国真的"既然选择了远方，便只顾风雨兼程"。无数个晨读后，渐渐地，课堂上便有了美的感受，有了美的语言，有了美的呼应。同时，教师应该继续扩充学生的知识储备量，给他们讲希腊神话，讲但丁，讲海子，讲李泽厚的《美的历程》，讲路遥的《平凡的世界》，等等。慢慢地，孩子们就会说出一些"语不惊人死不休"的语句。

教师只有具备了深厚的文化功底，拥有广博的知识结构，才会在学生面前站得"稳"，让学生心生敬仰。

2. 善感的诗意之心

教育的深层内涵是心灵的教育，而语文教育的终极目标就是让学生学会生活，学会诗意地生活。善感的心是诗意感受的内核，只有拥有一颗善感的心，才能体会到诗意。这诗意是内心中的敏感，是生活中的敏感，只有学会抓住"美"，才能体会"美"。董一菲老师在执教《卜算子·咏梅》时，在简单发问时，让学生关注长在驿站外断桥边的一株梅花，在细微处发现梅花之美，并且用了一句"小隐隐于野，大隐隐于市"作为点评。这一句短短的点评，既点评出梅花的特性，又颇有哲思，使梅花人格化，赋予了梅花新的时代气息。

在课堂之外，教师可以领着学生梦回秦汉、魏晋、唐宋，用一颗善感的心感悟圣哲的人生智慧，感受诗人的无尽忧愁，感受盛唐的华美气象……坚信"腹有诗书气自华"，不断去理解、思考诗歌，定能拥有一颗善感的心。

3. 卓越的反思能力

常言道："思之则活，思活则深，思深则透，思透则新，思新则进。"课堂教学本来就是一门充满遗憾的艺术，科学有效的课后反思可以帮助我们减少遗憾。课后积极反思，就是为了今后减少遗憾或避免遗憾。反思的内容也灵活多样，课堂授课内容适切与否，课堂语言规范程度如何，课堂

很大很美的教室

问题是否自然生成，课堂设问是否具有启发性，这些都在我们课后反思的范畴之内。具备一定的反思能力是一线教师的基本要求，正如曾子所言："吾日三省吾身。"课后反思也如此，反思的时间空间无处不在，只有经常反思，找出自身不足，才能让自己在诗意语文的这条道路上越走越远。董一菲老师在讲授完"张爱玲的《爱》及其他"时，写了这样一段教学后记："孩子们对张爱玲的理解、诠释，对美与爱的顶礼膜拜，令我感动。再读'实录'，尤觉得自己的点拨过繁，是一大败笔。"正视自己的优缺点，积极改进，才能有所长进。

阅读、熏陶、积累、反思，简约设问、缤纷作答的对话式的诗意语文自读课范式，正以深水无痕、润物无声的方式渗透在诗意语文教师的课堂中，让更多的师生从容看花、潇洒望月、深情读心。

（孙博：就职于黑龙江省海林市柴河高级中学，诗意语文工作室"慧眼看课"栏目编辑）

天高海阔，处处是风景

——诗意语文课堂教学架构探究

小小的书本，大大的世界；小小的课堂，广阔的天空。万物都在辩证中发展，大中有小，小中见大，大能化小，小将成大。没有微尘，哪有宇宙？没有雨滴，哪有河流？没有细壤，哪有高山？

"诗意语文"承载传道、授业、解惑重任的同时，力求释放一种巨大的力量，通过"五大"，即大容量、大自由、大开阔、大包容、大视角，把课堂打造成一场生命盛宴。《普通高中语文课程标准（2017年版2020年修订）》强调："让学生更多地接触语文材料，在大量的语文实践中掌握运用语文的规律。"这恰与诗意语文提出的"五大"有许多相通之处。

一堂课便是一部审美大戏，一堂课便是一趟文化之旅，一堂课便是一次灵魂的追问，一堂课便是一场生命的体验。通过教师的传授、导引、点燃，一个个生命个体从单薄走向丰盈，从迷茫走向明朗，从枯燥走向趣味。然而，这样的课堂对教师的要求却是很高的，"要给学生一杯水，教师要有一桶水"。教师首先要有丰厚的学识，这也是"五大"的基础；要对中华优秀传统文化有深入的研究，能够透视先贤伟人的灵魂；要有个体纯净的人格，能传达出十足的气韵；要有浩然之气和高级审美趣味，能够勾勒学生美好的未来。除此之外，教师的课堂技巧也是"五大"成功的关键，中学生的年龄特点和认知规律决定了中学课堂跟大学课堂、社会讲堂、电视讲座等形式完全不同，它以学生为主体的学习模式决定了教师更要发挥"导"的作用。如何把知识、审美、思想、人格"导"给学生，也是"五大"最为看重的。

大容量，生命流动，寻找文化的归属感

关于课堂的主张，历来有好多说法，有支持"深度课堂"的，有支持"高效课堂"的，有支持"文化味课堂"的，有支持"一堂课解决一个问题的"……其实，每个说法都有其道理，又有所不足，但各说法之间也不存在冲突。诗意语文课堂的一个显著特点是大容量，即课堂知识容量大，内容广涉天文、地理、文学、历史、哲学、宗教、艺术等；时空跨度广，涵盖古今中外；探究问题深，追求透彻与深刻。这种大容量也建立在学生认知的基础上，建立在对文化、对传统尊重的基础上，是对教学内容的充分扩展。这种扩展使课堂更加饱满，使学生内心更加丰盈。这种大容量也十分符合课标所说的"让学生多接触语文材料"的说法。

打造大容量的课堂，教师就要在思想深处打破把课文作为唯一例子来教的模式，做到以课文为主、其他作品为辅，形成一个"例子群"。所以，在课堂上，教师会引用大量辅助性文学作品，以文解文，使得各辅助作品与课文在主题、形象、语言、手法等方面高度融合与衔接，实现群文阅读的良好效果。在讲授《故都的秋》一课中，董一菲老师引用了《蜀道难》《登高》《咏蝉》《雨霖铃》《豳风·七月》《王风·黍离》《出塞》《读城记》《北平的四季》《正红旗下》《三闲集》《沉沦》《怀鲁迅》《城南旧事》《源氏物语》等作品。这些作品或作为课文的注解补充，或与课文中的形象进行比较联想，或是相同主题迁移，实现了多维度切入，使得文学作品相互之间融会贯通。总之，在一堂课中出现这些作品是一般老师难以做到的，特别是要在不同教学环节处恰到好处地获得理想的教学效果，就更难上加难了。在诗意语文课堂中，或多或少都会涉及或引用其他作品。这些作品不是生硬地堆砌，也不是哗众取宠地卖弄，而是与文本恰到好处地融合，是心灵火花的升华，是生命的流动。正如董一菲老师在《我的诗意语文教育观》一

文中所说:"作为语文老师,应还语文以文学,将'文学世界'引入课堂,立足文本教材,给学生一个文学的世界。"

诗意语文课堂大容量的另一个表现是擅长引用大量的典故、成语、民间传说、名人名言、文化现象……比如:在讲《涉江采芙蓉》一课中,董一菲老师引用了启功先生的话"唐朝以前的诗是长出来的,唐诗是嚷出来的,宋诗是想出来的,宋以后的诗是仿出来的",海明威的话"巴黎是一场流动的盛宴""真正的好诗要表现一种绝望";在讲《红楼梦》一课中,引用一个学者的话"《三国演义》是一部智书,《水浒传》是一部怒书",张爱玲的话"因为懂得,所以慈悲",李延年的话"一顾倾人城,再顾倾人国";在讲《周亚夫军细柳》一课中,引用了陈涉的话"燕雀安知鸿鹄之志哉",霍去病的名言"匈奴未灭,何以家为",并且讲述了刘邦和项羽见秦始皇出游的故事……旁征博引的背后是对文化尤其是民族文化的一片深情。教学过程中,教师要坚持用教材教,但也要注意课文只是一个例子,要因文入境、因文造境,给学生打开一扇文化大门,引领学生以课文为径,渐入文化的繁花深处,渐入诗意深处。每一处引用都是自然、巧妙地切入,表面看似乎没什么惊天动地、立竿见影之效,实质上却对学生的心灵产生了巨大触动。

师:在尚武时代,一位将军的风采就是如此,举重若轻,四两拨千斤。像董老师拿个麦克风都会觉得很吃力,这就是差别。将军拿着这样的兵器,这样的兵器也许就是丈八蛇矛,也许就是青龙偃月刀,总之是上好的兵器。他持着兵器同时还怎样?

生:行军礼。

师:揖,是一个怎样的动作呢?这是中国古代文化的常识,"揖"从字形上看,是什么偏旁?

生:提手旁。

师:你会作揖吗?两只手是不是要抱拳呢?

　　　　　　　　　　很大很美的教室 ●

（生做动作）

师：那持着兵器作揖是不是这样一个动作？（示范作揖的动作）将军出场，周亚夫千呼万唤出场了。浓墨重彩粗线条，只有一句话，我们齐读前半句。

生：（齐）"将军亚夫持兵揖曰。"

——董一菲《周亚夫军细柳》课堂实录

在这个环节中，知识含量十分丰富，有对中国古代兵器的列举，有对汉字结构的简单分析，有对中国传统礼仪的描述示范。这一环节触动了学生的想象，带动了学生积极参与，更使学生对传统文化有了一定的认知。《普通高中语文课程标准（2017年版2020年修订）》"基本理念"之四，特别强调要帮助学生"在跨文化、跨媒介的语文实践中开阔视野，在更宽广的选择空间发展各自的语文特长和个性"。我们做教师的要认识到汉语不仅是交际的工具，更承载着民族文化不息的血脉。董一菲老师在《汉语原本是美丽的》等文章中曾多次表达对母语的深情。作为语文老师，我们要有神圣使命感和责任感，做语言之师、文学之师，更要做文化之师，引导学生以文化的视野学习汉字。

大自由，个体人格突显，透视先贤伟人的灵魂

诗意语文课堂有着一种大自由的空间。这里有诗意，有远方，有时也有眼前的苟且；有面包，但更追求水仙花。课堂上每一个问题、每一名学生就如同放到天空的风筝，可以五颜六色，可以姿态万千，但风筝的线始终在老师的手中。让风筝飞远需要"放"的胸怀和视野，但让风筝起飞也需要"拉"的底气和自信。尊重学生的表达，是一种自由；尊重学生的思考，带领学生透视先贤伟人的灵魂，与先贤伟人对话，则是更大的自由。

为了让课堂自由度更大些，保证课堂民主、平等，共同参与、互相合

作的师生关系是基本前提。作为课堂主导的教师要多设置开放型问题，多创设师生对话、生生对话以及小组合作探究的场景，同时设置问题时要有足够的视野，留给学生足够的表达空间。问题要能激发学生的内在需求，而非外在强制，也要给予学生自由选择的权利。在选择中，学生学习不再是被动的，而是自愿的、主动的，这种学习会呈现出更加强大的生命力。自由选择、自由表达可以让学生变得更自信，更有勇气，更有利于培养独立的见解。同时，自由表达还可以实现信息的多向传递，增加课堂信息的来源和容量，实现师生、生生多方的良性互动。在互动交流中，师生往往会发生思维的碰撞，产生创新的火花。让学生自由表达，这是显性的自由，还有一种课堂自由是隐性的，即给孩子沉默思考的时间。换个角度来说，不是所有回答问题的学生都能准确地把握问题要义，也不是所有没回答问题的学生在问题中没有收获。有的学生思维较快，有的学生思维较慢，所以不论回答与否，能真正调动每一个学生思维的积极性，并且让他们的思维有足够的深度，就是大自由的最好表现。在这种民主、平等的氛围里，师生互相尊重，学生自主自信、独立思考的素质才能得到培养，个性才能得到充分张扬。

无论是显性自由，还是隐性自由，诗意语文课堂都致力于学生个体人格的培养，在自由的空间里，通过一个个词语、一个个句子、一篇篇课文，引领学生走进古典诗词、历史典故、中外思想、当代文化之中，让学生在与作者及人物的对视与对话中逐步领悟他们的哲思，在敬仰与膜拜中逐步向他们的灵魂靠拢。

《朝花夕拾》导读一课，在分析这个题目好处的时候，老师与学生畅谈得很自由，谈到了《悲惨世界》题目的好处，谈到了《红与黑》题目的好处，还谈到了《狂人日记》，谈到了《且介亭杂文》……表面上看是在谈题目，实质上是在谈社会和人生，谈到了人性的悲悯、社会的阶层、情感的辛酸和悲愤……在《归园田居》一课，老师设置了一个自由度很大的问题：你觉得陶诗浓耶？淡耶？学生们在这个问题的引领下，小组讨论探究，很有话说，从不同角度表达了自己的见解。老师借助学生的答语不断延伸问题，扩大问题面，增加问题深度，学生则在老师的引导下逐步理解了陶渊明的情感、思想及人格。

大开阖，渊博自信，体系庞大而又秩序井然

如果打个比方，把课堂说成一种文体，那么诗意语文课堂就像一篇散文，形散而神不散，这神就是这堂课预设的目标。在这个目标的指引下，教师课堂进展开阖有度，收放自如，设问角度巧妙多端而又变化无穷。有的问题大到宇宙万物，如千军万马奔腾袭来，带给学生的是一种场面的震撼；有的问题精细到一缕情丝、一粒尘埃，如工笔描线，如窃窃私语，带给学生的是一种灵魂的触动。有的时候，老师似乎把问题拉得很远，仿佛远在天涯，让学生难以触碰；有的时候，问题又似乎近在咫尺，学生伸手可取。用苏轼的一句诗来形容就是，"横看成岭侧成峰，远近高低各不同"。那么，这样的课堂是不是就没有法度可控呢？不是的。诗意语文课堂的进程如同古典诗歌中绝句的构成，有起承转合之节奏：起在大处，承接自然，转换灵动，合得巧妙。

这里我简单谈谈"起"和"收"。诗意语文课堂的起很有特点，有时课堂从"文题"开起，这看似老套的做法，其实做好了并不会落入俗套。文题乃一文之首、一文之眼，解好文题如同去掉美人的面纱，拨开天空的迷雾，会给学生一种美的享受和清新的感觉。解文题就是从作者的构思出发，站在作者和解读者两个角度定位全篇，既符合作者的写作规律，又符合读者的阅读心理。有时课堂也会从一个深邃的问题开始，老师的提问会迅速引发学生思考，整个课堂的激情很快被点燃。我们来看看这几堂课的开头。

董一菲老师执教《飞鸟集》整本书导读课时这样开头：

师：你喜欢泰戈尔《飞鸟集》这部诗集的名字吗？为什么？你可以说

喜欢或者不喜欢。泰戈尔，印度大诗人，东方第一个获诺贝尔文学奖的诗者，《飞鸟集》是他的代表作之一。请同学们踊跃举手发言。

生：我很喜欢这个诗集的名字。"飞鸟"，我感觉就是鸟在天上飞，无拘无束的，代表着思想的自由，所以我很喜欢诗集的名字。

……

董一菲老师执教《朝花夕拾》整本书导读课时这样开头：

师：同学们手里都有鲁迅先生的《朝花夕拾》，很好！请问，《朝花夕拾》题目好在哪里？鲁迅先生曾经在期刊上连续发表了《旧事重提》，这是原名，后来要结集出版，改为《朝花夕拾》。请全班同学齐读书名。

生：（齐）《朝花夕拾》。

……

董一菲老师执教的《周亚夫军细柳》课堂实录开头如下：

师：（微笑）上课。（生起立）

师：同学好！

生：老师好！

师：请坐。请一名同学来读一下课题，注意断句。

生：周亚夫军／细柳。

师：停顿可以夸张一点。

生：周亚夫／军／细柳。

师：为什么要读成"周亚夫／军／细柳"？"周亚夫军细柳"中的"军"是什么词性？

生："军"是动词。

师："军"是动词，驻军。"细柳"，这是一个什么样的所在呢？

生：驻军的地点。

师："细柳"是驻军所在的地名。

师：请同学们齐读题目。

生：（齐读）周亚夫军细柳。

这三堂课的开头，虽然讲述的形式不同，有点评式，有对比式，有诵读式，但都是从"文题"开起，通过解题来带动全篇，或把握作者情感，或理清全篇脉络，或掌握故事情节，都达到了预期效果。总之，研究文题常常成为我们指导学生解读文本的切入点之一，所谓"牵一发而动全身"。诗意语文课堂的"收"也十分讲究，很少有长篇大论，也不简单地去总结课堂内容，更没有生硬说教，而是巧妙地落到一个"读"上。《朝花夕拾》一课结尾，学生们齐读鲁迅的诗《自题小像》；《飞鸟集》一课结尾，学生们齐读最后一则诗"我相信你的爱"；《涉江采芙蓉》一课结尾，老师语重心长地嘱咐学生，回去继续读《古诗十九首》，读李泽厚先生的《美的历程》。这里的"读"，既有课堂上的齐读，也有引导学生的课后读。这些"读"都是老师精心设计的，读的内容紧扣课堂教学，或短小精悍，或发人深省，达到了言有尽而意无穷的课堂效果。随着读的结束，一堂课也就结束了，但在学生的心中产生的影响远没有结束。

除此之外，在诗意语文课堂众多的环节之中，无论是分析形象还是分析情感，教师都大体本着从语言文字出发，然后有条不紊地驶向最终要到达的情感或文化的终点，即一切皆由文字起，纯纯地从语言到文学。

请看《周亚夫军细柳》部分课堂实录：

师：请你读下一个字。

生：轼（shì）。

师：很好。你学没学过《曹刿论战》？

生：没学过。

师：没关系。知道宋代有个大文豪吗？他的名字是苏轼。他的弟弟呢？

生：苏辙。

师：他的父亲是苏洵。苏洵曾写过一篇文章《名二子说》，提到了为两个儿子起名的原因。为什么叫轼？为什么叫辙？"轼"是车子前的横板，有装饰性的作用。他希望苏轼学会收敛锋芒。

……

汉字作为世界上唯一现存的表意文字，每一个汉字都是有血有肉的精灵，都有其独立的文化内涵。对汉字进行简单的分析和解读，有助于学生理解传统文化的内涵，初步掌握传统文化传承和发展的脉络。金圣叹说："吾最恨人家子弟，凡遇读书，都不理会文字，只记得若干事迹，便算读过一部书了。"由一个字或一个词的意思引出一段故事，讲述一种文化，进而追根溯源，推测过去的文化遗迹，推测当时的民族心理，这也是诗意语文课堂重要的思维过程。

大包容，气度十足，以美学勾勒孩子们的一生

人有包容天地广，课有包容思路多。课堂不是老师一个人的课堂，也不是静止的，而是一个由老师和几十名学生组成的动态场所。既然是动态的，课堂上就会出现很多种可能，就会有超出老师预设的情况，如不同的声音、不同的见解、随时的发问，甚至是错误的答案。正确面对这些情况，包容这些不同，课堂才是一个真、善、美的课堂，才活力无限，生命力才更加长久。诗意语文致力于打造这样胸怀宽广、包容天下的课堂。

新课标理念告诉我们，教师不再是居高临下地教导学生，而是以一个引路人的角色来帮助、点拨学生。教师要成为学生平等的合作者、耐心的倾听者、真诚的赏识者、个性张扬的促进者。诗意语文课堂把理解和尊重当作前提，课堂上理解学生认知事物的不同角度和深度，也要尊重学

生或浅显或深刻的观点。这样的课堂既能体现出教师的师德风范、气度水平，更能塑造学生的自信。于漪老师在一堂公开课上，正讲到课文中"一千万万颗行星"时，一同学问"万万"是什么意思，惹得全班同学哄堂大笑。这位同学猛然醒悟过来，满脸通红，垂头丧气地坐下了。于老师见状便问大家："大家都知道'万万'等于'亿'，那么，这里为什么不用'亿'而用'万万'呢？"所有学生的注意力一下子被吸引过来，没有人再发笑。在顺利解决完这个问题后，于老师又问了一句："那么请大家想想，今天这一额外的课堂收获是怎么来的呢？大家要感谢谁呢？请让我们用掌声表达对他的谢意。"大家的目光一齐射向提问的同学，向他鼓起掌来。此时，这位同学又抬起了头，有了自信。从这个案例中，我们可以看到，老师的包容起了关键作用，包容也是老师的智慧。我们常说让孩子做一个有思想的人，那孩子的思想从哪里来？如果课堂上处处碰壁，总是被否定，总是人云亦云，他不仅享受不到语文的美，也很难建立起自己的思想体系。

大包容需要建立流畅的交流通道。"问渠那得清如许？为有源头活水来。"课堂的活水从哪里来？可以从学生中来。那么，老师有一项重要任务就是打通这条活水的通道。诗意语文课堂关注学生的主体作用，在设置课堂问题和课堂活动时，注意激发学生的兴趣，让学生什么都敢说，什么都能说；注重激发学生的深层次思考，引导学生说得合理，说得精彩；也注重寻找课堂上的生成性资源，让课堂不断"节外生枝"而又"笔直生长"。课堂上师生交流顺畅了，学生对文本的看法、知识储备、生活经验就会毫无保留地涌现出来，这时带来的画面才是丰富多彩的，学生自身也获得了审美的愉悦。

请看《故都的秋》部分课堂实录：

师：与景语契合，无关情语，读到深处了，读出了故都的秋深沉的所在。

生：老师，请允许我请教您一个问题。（大家都微笑）他为什么要说"脚踏上去，声音也没有，气味也没有"，而不把这些话直接省去？如果写

"脚踏上去，只能感出一点点极微细极柔软的触觉"，您觉得和原文比起来如何？（大家都笑了，为他的质疑鼓掌。）

师：他在强调，用一个倒装句强调，声音也没有，气味也没有，无声无息，那么细腻，那么缠绵，故都的秋思。我想问问你，你听过这样的儿歌吗？"槐树槐，槐树底下搭戏台。"

生：略有耳闻。

……

从以上课堂实录的节选中，我们不难发现，师生的交流无比顺畅，老师的问题与讲解带动了学生的思考，学生变被动接受问题为主动提出问题，老师则见招接招，顺势引导，课堂的活力大大增强。学生在这个过程中受益是最多的，有了对文句美的重新认知，有了自我表达的高度自信，有了敢于质疑探讨的钻研精神。

大视角，求思深远，定位高阶的审美标准和审美趣味

如何定位一堂课，是把一堂课上成知识传授课，还是上成技巧总结课，抑或是上成能力发展课、人生思考课，取决于教师的站位和对文本解读的深度。文本解读能力是语文教师至关重要的能力。在上一堂课前，教师要对文本进行解读，解读的状况决定了上课的状况。暂且不说语文教师个人能力的差异、文本解读的深浅，这里我们更强调的是教师的课堂视角。诗意语文课堂定位高阶的审美标准和审美趣味，课堂教学着眼于大视角，从人生出发，引导学生思考生命的意义、人性的光辉等深刻命题；从文化出发，引导学生感悟家国情怀、道德情操；从自然出发，引导学生领会人与自然的和谐、天人合一思想。

在董一菲老师的《朝花夕拾》群文阅读课上，有这样一段实录：

生：鲁迅被称为"民族魂"，但在《朝花夕拾》里却有个日本名字，所以我很好奇，作为一个爱国作家，鲁迅会怎样写《藤野先生》，写的是什么？

师：真是具有一双慧眼，看出这么多问题。同学们，我们都会写回忆的文章。鲁迅在"我的老师"当中，写了三味书屋中的启蒙老师寿镜吾先生，另一位是日本的藤野先生。鲁迅去世是在1936年，写作《藤野先生》这篇文章是1926年到1928年，抗日战争还没有爆发，但是藤野先生毕竟是日本人。可以看出鲁迅先生对人的评价超越了——

生：（齐）国界。

师：他尊重的永远是人性的善与品德的端方。藤野先生正直、严谨，作为一个人，作为师者，足矣！不用在意国界，不用在意是中国人还是日本人、俄罗斯人，抑或其他。国际化的鲁迅，这个词还不够，鲁迅先生一针见血，入木三分，看见的永远不是表象，而是内在的灵魂。唐朝有一项政策，旅居在唐朝的外国人，可以考唐朝的"公务员"。我们在世界各国都有一条街——

生：（齐）唐人街。

师：它不叫宋人街，不叫明人街，它叫唐人街。那种海纳百川的气度、胸怀就是盛唐，一个人想成为巨人，要有胸襟，不要有任何的偏见。鲁迅反对任何偏见，他目光所及的任何地方，没有黑暗，不允许有一丝黑暗，没有死角，360度无死角。不要忘了鲁迅先生生活的时代，在那样的时代，有这样的情怀，实属不易。还有同学有疑问吗？

……

在以上讲解中，董一菲老师没有简单地从文章内容出发，而是站在更高远的角度，关注到了鲁迅先生伟大的人格和宽广的胸怀，更是在评价鲁迅先生的同时，传达给学生一个正确的价值观念，让学生知道一个巨人应该是怎样的人，一个伟大的国家应该是怎样的国家。学生表面看到的是文字之美，内心感受到的却是人生之美。学生的每一个问题，对老师来说都是一个需要善待的资源，如何利用好这种资源，如何站在更高的层次剖析问题，这就取决于教师的视角了。教师站位高了，视角大了，文本内涵挖掘就深刻了，文本的育人意义也就增加了。我们再看董一菲老师在《故都的秋》一课中对"家虫"的处理。

生：我看到的是第五段中的第六句话，"简直像是家家户户都养在家里的家虫"。

师：这个家虫是什么？

生：蝉。

师：我们知道三牲六畜，猪牛羊，马拉车，鸡在飞，狗在跑。这是我们农耕民族的温馨、温暖，但独独没有听说还有一个叫家虫的。家虫是什么？是蝉吗？是蟋蟀。北平故都又有一种声音，吟唱了百年，吟唱了千年。从洛水之滨到蓝田日暖，从唱响就是那只蟋蟀。为什么称它为家虫？《豳风·七月》："七月在野，八月在宇，九月在户，十月蟋蟀，入我床下。"从原野，到屋檐下，到家里，最后亲切地来到我的座席下。床，席也，可理解为卧具。

师生：（齐背）"七月在野，八月在宇，九月在户，十月蟋蟀，入我床下。"

师：蟋蟀唱响的是乡愁。它是我们民族的家虫，多么美好，多么和谐，多么天人合一。大家一定知道，《百家讲坛》有位叫易中天的教授，他有一本书，名字叫《读城记》，他说北京是一个田园的城市，这里有树，这里有家虫。

……

从农耕民族的生活说起，从历史说起，从与人的情感说起，把"虫"与"家"的关系分析得十分透彻。这个"虫"与"家"已经变得难以割舍，无法分离，"虫"即自然，"家"即人。其实，教师是在引导学生从一个简单的字词逐步走向一个更深层次的概念，即人与自然的和谐。

所以，一个好的课堂，是一个引导学生思维的课堂，大视角就是让学生思之广、思之深，让学生形成一个系统思维方式，而非局限于技巧、套路、知识层面的学习。从另一个角度来说，学生如果无法形成系统性思维，就无法将学到的知识整合成系统，也就无法建立起知识点之间的联系，那么学到的知识就是零碎的、离散的。

语文教学必须具有宏阔的视野、宏大的格局，语文教师必须具有自觉的课程意识和宏观的驾驭能力。大容量、大自由、大开阖、大包容、大视角，这五个方面相互融合，使诗意语文课堂呈现出强大的生命活力。这样的课堂能满足学生对知识的渴求、对美的渴望、对文化的兴致，这样的课堂更能带领学生剖析人性、完善人格。"苔花如米小，也学牡丹开"，即使我是一名普通的语文老师，在课堂教学的追求上，也要憧憬诗意和远方。

（曲福利：就职于哈尔滨市第一中学校）

脚踏实地，仰望星空

——从单篇精读到群文延伸的诗意语文课堂

诗意语文课堂，以诗心诗意为灵魂，并贯穿诗意语文课堂教学的每一个环节。它是让学生在教师诗意的引领下受到诗意的感化和影响的课堂，致力于传承诗性诗教的传统，力求达成师生之间心灵诗意地对话，感受中华源远流长的文化血脉和文化精神。为了更好地落实和发展学生核心素养，诗意语文遵循大语文教育观，教师、教材、学生相伴相生，三位一体的理念对诗意语文课堂进行了卓有成效的建构，开始从单篇精读走向群文阅读和整本书阅读。这些有益的尝试不断地更新了教师阅读教学的理念，实现了阅读内容的结构化、体系化以及课外阅读的课程化，也让学生的阅读习惯和阅读量得到了改善与提高。

从"单篇"到"群文"，走向广阔天地的诗意语文课堂

诗意语文课堂教学从"单篇"走向"群文"，就是为使学生实现某一文本阅读知识点、能力点的迁移，进而提高学生的阅读能力，同时组织若干篇泛读或者课外阅读的文章，指导学生运用教读课上学到的阅读方法自读的过程。"群文阅读"是一种教学指向很明确、要通过"群文"实现一定阅读教学效能的教学活动。但是在教学活动中，一定要注意"单篇"应重在让学生通过阅读练好阅读的基本功。"群文"不仅仅是阅读量的增多，更是阅读资源有效而高度的整合，从而使学生的阅读视野得到多角度、多维度

的拓展和延伸。只有这样，才能使"单篇"与"群文"二者之间共生互融、相辅相成。

诗意语文课堂在群文阅读主题、文本选择、课堂教学活动开展等方面进行了诸多实践，如《飞鸟集》整本书阅读、"余光中经典诗句赏析"群文阅读、《诗经·郑风》爱情诗群文阅读等课堂教学实践。"群文阅读"让课内和课外文本内容得到高度整合，让学生的阅读视野不断得到拓展，阅读效率和阅读能力得到显著提升。"群文阅读"也是单篇阅读走向整本书阅读的桥梁和纽带，同时也为进一步发展和落实学生的语文核心素养起到了积极的促进作用。

立足四个维度，落实核心素养的诗意语文课堂

语文学科核心素养有四个维度：语言建构与运用、思维发展与提升、审美鉴赏与创造、文化传承与理解。语言、思维、审美、文化这四个关键词中，学生语言的建构与运用是语文素养的重要所在。积累丰富的语言材料和言语活动经验，具有良好的语态，是语文课有别于其他学科独特的性质。

诗意语文群文阅读通过不同主题群文阅读体系的建构，让学生在语言的整合、比较和参照中发展学生的思维，进而促进语言运用能力的提升，在语言文字间跌宕腾挪、一顾三返、反复涵泳，从而逐层有效地落实和发展学生的语文核心素养。

1. 立足学生语言建构的诗意语文课堂

诗意语文群文阅读语言的建构与运用，首先要侧重于引导学生对语言的积累、信息的提炼与整合方面的提升，然后在此基础上进行知识的有效拓展与运用。教学中，我们可以让学生从单个字词着手，然后逐步让学生在遣词造句、语段句式、篇章结构、作家作品风格、作者情感等方面有所

提升和收获，从而帮助学生实现语言运用知识体系的建构。

董一菲老师在执教《沁园春·雪》一课时有这样一些环节：

生：（豪迈地）是因为毛泽东这首词写得比较壮阔。

师：我们一般将词分为婉约和豪放两大类，这首比较壮阔的词就属于豪放派。

虽然只是一句带过，但是让学生很快对婉约风格和豪放风格这两类词的相关知识进行了解和积累，同时又关注到了对学生朗读能力的要求和提升。

师：我请两位男生来诵读这首词。（一男生立即主动站起，另一男生在老师的鼓励下站起来。）

师：正文内容，这两个同学一人一句，上阕结尾句和下阕结尾句，请全班同学齐读。同学们请注意，在诗词中，一个逗号就是一句，请同学们读时注意。（学生按要求有感情地朗读）

师：大家读得很好，尤其是这位男生，读出了超越年龄的浑厚和魅力。

这一环节中，教师在学生朗读完后及时进行了有效的评价。这样的评价内容一定会让更多的同学知道在朗读豪放词时应该注意什么。

师：一年有春、夏、秋、冬四个季节，古典诗词中，诗人最钟爱的是哪两个季节呢？

生：春季和冬季。

师：那你能试背一下有关冬季的诗句吗？

生：毛泽东写过一首《卜算子·咏梅》，词中写道："待到山花烂漫时，她在丛中笑。"

师：毛泽东描写冬天的优秀诗歌，除了这一首，还有《沁园春·雪》。

其实，从古典诗词的源头《诗经》到清朝的最后一位诗人龚自珍，文人墨客最喜欢的两个季节应该是春与秋，春喻美，秋示悲。

在这一环节中，围绕这首词所写的内容，教师既对学生所积累的相关古诗文进行了检查，同时又从《诗经》到龚自珍，对古代文人墨客喜欢的两个季节这一信息进行了整合与提炼，让学生对这一传统文化知识有了具体的了解。

在诗意语文课堂上，有了这些语言最基础的知识建构，才能更好地让学生在课堂教学活动中扎实有效地进行相关知识的迁移和运用。

师：（亲切地纠正）最强烈的感情应该是爱情。诗人常把对祖国的爱比作爱情，如郭沫若在诗中把我们古老的祖国比作"我年青的女郎"。所以，毛泽东的词中虽使用了"妖娆""娇"表面妩媚的词，但实际妩媚使壮阔更壮阔。

师：我们来看第 1 题。

生：我填的是"一笔出文采，一笔抒豪情，一笔传千古"。

生：一笔述美情，一笔展豪情，一笔壮远志。

生：一笔惊文坛，一笔绘历史，一笔描壮志。

这一教学环节中，教师不断地引导学生进行语言的建构与提升，才有了学生此刻的妙笔生花。

2. 关注学生思维发展提升的诗意语文课堂

诗意语文群文阅读教学能够以丰富多元的主题和文本，以多元发散的思维有效助力和提升学生的学习效果。"水尝无华，相荡乃成涟漪；石本无火，相击而发灵光。"思维，只有在对话中才能迸发出火花。

我们看董一菲老师在《沁园春·雪》一课中，是如何用问题发展学生高阶思维的。

● 作者通过"望"，望见了什么？我们回忆唐代王之涣的《登鹳雀楼》，望见了什么？

● 王之涣的意思就是，站在高高的楼上可以看得远。另外，辛弃疾还有"何处望神州？满眼风光北固楼"。岳飞的《满江红》，同学们能回忆起来吗？岳飞如何望？"抬望眼"，望到什么？

● 古人云"登高望远"，通过《沁园春·雪》这首词分析毛泽东望到了什么。词中未写站在高高的鹳雀楼上，未写站在高高的北固亭上，未写抬眼望去，那他望到了什么？请同学们齐读。（生齐读：望长城内外，惟余莽莽；大河上下，顿失滔滔。山舞银蛇，原驰蜡象，欲与天公试比高。）

这一环节中，一个"望"字，由毛泽东所"望"引发同学们对古人之"望"的思考，再回到毛泽东所"望"的内容，进一步通过问题引导学生深入分析："毛泽东望见了长城，望见了黄河，还望见了什么？"由学生回答的"山川"分析体会到喜欢山、喜欢冬天的毛泽东是一个豪放的人。

师：毛泽东站在黄土高坡上，平原也看到了，高原也亲见了。同学们学过地理，应该清楚，站在陕西北部的黄土高坡上，他真的可以看见长城内外、大河上下吗？

生：（果断）不能。毛泽东不是用眼睛，而是用心看到的。

师：（启发）我们一起回忆一下中国古代浪漫文人庄子的视野，庄子设想水里有鲲，天上有鹏，鹏能飞多高多远？

教师巧妙地结合文本中毛泽东的视角、视野这个点，让学生的思维发散到庄子的视野、李白的视野、司马迁的视野、鲁迅的视野，通过"求同"和"比异"，最后用问题"读江山，望江山，毛泽东的视角、视野常人不能比，在词的上阕中，还有什么常人不能比"，引导学生探究并生成认知——"有多大的胸怀，做多大的事，当然是那些蝉噪鸦鸣之徒不能比的"。

一堂好课，肯定是在整个课堂教学活动中，教师用简洁的问题去引导学生进行发散性阅读思考，在学生形成一定的知识迁移能力时，也不断地丰富了学生对毛泽东其人的认识。这样就更能在教学过程中积极发展学生的比较、辩证、批判等思维能力。

3. 关注学生审美能力提升的诗意语文课堂

审美鉴赏是创造美的前提和基础。诗意语文课堂就是用言语形式所具有的特殊的审美价值，引导学生进行真正有深度的阅读。教学中，教师要引领学生通过文字、语句对文中具有美学价值的内容进行赏析与品鉴，从而培养学生的审美能力，并在此基础上不断提升，使学生逐步具备创造美的能力。

（1）找准审美的切入点。课堂上一个准确的审美切入点能更好地引导学生很明确地进入赏析状态，不断去培养和提升自己的审美能力。

董一菲老师为了更好地带领学生赏析《沁园春·雪》这首词，这样来切入："有这样一段佳话，毛泽东 1936 年写下的《沁园春·雪》，在 1945年公开发表，震动了整个文坛。当时，国民党组织了一群舞文弄墨的人填写《沁园春·雪》，却无人可以超越。请同学们细读这首 114 字的词，找一找哪些词句无人超越。"这个问题有效激发了学生无穷的探究欲望。

（2）抓住审美的关键点。在诗意语文群文阅读课堂中，一个审美的关键点能有效牵引全篇，引导学生去发现诗词之"美"。

"1936 年 2 月，毛泽东写下这首《沁园春·雪》，上阕中有一个重要的动词统领全词，请大家找一找这个词。"董一菲老师执教《沁园春·雪》的过程中用一个统领全词的动词引导学生去赏析。一个"望"字统领了下文所写之景，写出了天地的辽阔，烘托了气氛，奠定了整首词的感情基调。在课堂上，教师用这一个"望"字，引领学生回忆了王之涣的《登鹳雀楼》、辛弃疾的《南乡子·登京口北固亭有怀》、岳飞的《满江红》，然后用这几首诗词和毛泽东的《沁园春·雪》"求同""比异"。

（3）抓住审美的提升点。董一菲老师在讲《沁园春·雪》时用这样一个问题引导学生去审美："毛泽东描写冬天的优秀诗歌，除了这一首，还有《沁园春·雪》。其实，从古典诗词的源头《诗经》到清朝的最后一位诗人龚自珍，文人墨客最喜欢的两个季节应该是春与秋，春喻美，秋示悲。毛泽东却用自己的情怀拥抱冬天，并且唱出一首白雪歌。那么，这首白雪歌的雪骨在哪里，雪魂在哪里，雪魄在哪里？我们一起来看。"

这一环节中，我们可以看到这个问题不流于形式，亦不只关注表面，而是关注了这首词的"灵魂"。董一菲老师在教学中以小的"点"入手，逐步由"点"拓展延伸到"面"，用这样一个学习的过程不断地培养学生阅读中分析、筛选、归纳、整合的能力。这样就在课堂中既关注了学生的审美过程，也有效培养了学生的审美情趣。

4. 根植中华优秀传统文化的诗意语文课堂

诗意语文课堂是传承和弘扬传统文化的重要载体。这种文化的传承并不仅是让学生惊叹于语言文字之美，而是引导学生去感受、去感悟更深层次的中华文化之美。

董一菲老师在总结《沁园春·雪》一课教学内容时有这样一个片段：

师：这是研究毛泽东的专家、大才子陈进，他回答了我们开篇的问题：为什么无人能及？请大家齐读。

生：（齐读）昆仑之巅，长城之墙，仿佛是他胸中的笔。华夏大地，高天厚土，仿佛是他笔下的纸。黄河的水，长江的浪，仿佛是他笔下的墨。炮声隆隆，千里莺啼，是诗中独到的平仄和韵脚。万丈长缨，百舸争流，是诗中卓绝的遣词和句式。

师：（慷慨激昂地）同学们，毛泽东不仅是政治家、哲学家、革命家、军事家，他还是一位诗人。他以这样的笔、这样的纸、这样的墨、这样的韵脚、这样的句式写成了如此壮阔豪迈的《沁园春·雪》，还有哪位诗人能比得上呢？这首词是这番浩瀚，这番辽阔，这番难以企及。有一个外国的记者，（雄壮的音乐起）他说："是一个诗人赢得了一个国家。"同学们想一下，我们是多么骄傲。我们生长在诗的国度，古人有这样一句话："欲亡其国，必先灭其史，欲灭其族，必先灭其文化。"可见文化对一个国家的重要性！有一些人可能是因为不懂毛泽东，所以可能会有一些微词。其实不是这样的，我们生长在诗的国度，为我们丰厚的文化积淀而骄傲。请同学们起立，齐读第一小节。

结合研究毛泽东的专家陈进的文字，教师让学生通过知识之间的勾连更加深切地了解了毛泽东其人，进而更多地了解中华优秀传统文化、热爱中华优秀传统文化和传承中华优秀传统文化。整堂课上，学生在老师的引领下欣赏了一首壮阔豪迈的《沁园春·雪》，感受到了一代伟人的"无所能及"。但更重要的是，让学生明白了文化之于国家与民族的重要性，借助课堂不断地涵养学生的文化素养和情怀，很好地在学生心中根植了"文化"的种子。

诗意语文群文阅读过程其实就是教师通过挖掘文学作品的内涵，不断以语言和文字以诗意的眼光去关注每一个孩子的成长，用一堂堂充满诗意色彩的语文课去唤醒学生心中对"诗意"的感知力，让学生在对源远流长的中华文化的感叹之余，逐渐成为一个有温度、有情怀的人。

（杨发鑫：就职于青海省西宁市大通县第六中学，诗意语文工作室"文本解读"与"诗意成长"栏目编辑）

诗意诵读，安心立命

——试析诗意语文诵读范式

"语文三老"之一吕叔湘先生说："讲到读书，中国的传统是讲读的，特别是古文，有一定的念法，一定的腔调，那念的人一面念的时候，一面他的思想感情就在活动了……事实上读是很有滋味的。"

《义务教育语文课程标准（2022年版）》指出："用普通话正确、流利、有感情地朗读""诵读、积累与梳理，重在培养兴趣、语感和习惯"。与课标要求契合，诗意语文重视诵读，引领学生亲近文本、深入文本、反思文本，在文本中"安心立命"。

诗意根读，追根溯源，知其声，领其意，悟其美

诗意课堂上，教师擅长从词性、部首、造字法出发，带领学生追溯汉字的源头，品味汉字音形意相结合的独特美感，帮助学生精确记忆。

在讲授《周亚夫军细柳》时，董一菲老师引导学生为"周亚夫/军/细柳"断句。学生稍有迟疑，教师适时指出"军"为词性活用，此处当为动词，学生茅塞顿开；一人一马为"骑"（jì），属于名词性读音；"被"（pī）为通假字，同"披"；"彀"（gòu），观其形，应该和"弓"有关，意为"张开弓"；"彀"字的右半部分读作 shū，像矛，但无尖；"辔"（pèi）与马鞍无关（三国之前没有鞍），观其字形，绞丝旁出现，可断定为控制马的缰绳；"曩"字上面有一个"日"，可以推断此字应该和时间有关系，所以翻

译为"以往，过去"，顺理成章。

董一菲老师作为诗意诵读的设计者、组织者和引导者，非常注重语言建构与运用，随时进行迁移拓展，读出汉字的本来面貌。

《涉江采芙蓉》也是一个经典的案例。她引导学生诵读"芙蓉"，读了几遍，学生并未进入佳境。她轻轻一句——去掉"草字头"，学生顿悟，那就成了——"夫容"，是"远在天边的丈夫的容貌"；《阿Q正传》中对阿Q的解释也是动人心弦，取"阿Q"（辫子状）而不取"阿贵"，有形的辫子、无形的辫子激起思绪万千。这样的诵读需要师生通力合作，挖掘汉字背后的历史和张力。一旦悟透汉字的深邃和曼妙，书卷之气便会弥漫课堂。

这样的诵读课堂上，教师会引导学生根据自己的理解进行再创造，有效地培养学生的创造性思维。风声雨声里有读书声，交流碰撞中，诗意文化不断回归和传承。

诗意重读，注重语气，研究亮点，点带面，石激浪

诗意重读，"点点深沉"，重读语言的情味和情怀、情感和情态。诗意读根是"源"，诗意重读是不可或缺的"点"，诗意语文讲究在重读中辨析、比较、积累、感悟、运用。这需要教者有语文学的功底、语言学的眼光、历史学的胸怀、美学的加持、哲学的升华。

诗意语文的"重读点"通过"点点深沉"，学习典籍的谦恭礼让、敦厚庄重，学习汉字背后的魏晋优雅、江左风流。诗意诵读不是简单地指出答案，不是随意地去找"重读点"，而是广征博引，既唤起学生已有的阅读知识经验，又把学生引向了联想和想象。

还是《周亚夫军细柳》，对"嗟乎，此真将军矣！"一句的诵读引起很多老师的称赞。文帝的感叹词"嗟乎"，特别精准，不可替代，如果把它改成蕴藏更加激烈情绪的"呜呼，此真将军也！"会如何？这里，教师引导学生在比较重读中体会把"此真将军矣"换成"此真将军也"之逊色。这

是因为"矣"有赞叹、肯定的语气（"↗此真将军矣！↘"），而"也"是高扬的语调，少了一点心理转换的过程。

这样的诗意重读，钟情于分寸间，有力量，有深度，也不乏诗意和细腻，很有语文味。

诗意情读，缘心向情，聚焦诗意，激生命，扬气势

诗意情读，"情境相生"。诗意读根是"源"，诗意重读是"点"，诗意情读保驾护航，情感和态度保证了课堂所向。

董一菲老师的理念是"语文给孩子的是一种诗意，一种美，一种温暖，一种情怀，从语文而文化而历史而自然而人生"。没有诗意和情怀，解读将变得没有生命；没有情读，课堂不美，后续乏力。

董一菲老师授课《秦风无衣》，讲至秦风的渊源时，顺理成章呈现出刘邦的《大风歌》，由《大风歌》的狂放恣肆联想到当年雄姿英发的周公瑾，联想到群英会上周瑜的高歌。此时高中学子心中的激情已被这些少年英豪点燃，教师请同学到讲台上朗读《大风歌》，问"谁敢来"，四个同学应声上台，手执麦克风，秦腔一般吼出心中的激情澎湃，王者气概，所向披靡，百结愁肠。

同样是在《秦风无衣》的课堂上，讲军旅踏歌，便绕不过毛泽东的诗词。他的"山舞银蛇，原驰蜡象，欲与天公试必高"，与古老的《秦风无衣》殊途同归。

这时教师适时展示姚鼐的名句："得于阳与刚之美者，则其文如霆，如电，如长风之出谷，如崇山峻崖，如决大川，如奔骐骥。"此时学生的情绪已经酝酿得极为饱满，诵读时，眼前展现的不仅是秦军将士的同仇敌忾，中国军旅诗、边塞诗当都盘桓在心底吧。

诗意情读，情感与语言交织，智慧与文化齐飞，意在发掘文学气息，感受浪漫情怀，形成对文化的膜拜，构建一个诗意的课堂。董一菲老师诗

意引导、诗意情读，学生倾情思考，形成常态，就可以构建自己的审美体系。列夫·托尔斯泰说过："艺术起源于一个人为了要把自己体验过的感情传达给别人。"就诗意语文教学而言，教师、教材、学生三者互动是基础，更为重要的是"以情传情""以情动情"，让教师情、文本情、学生情"三情合一"，诗意情读，进而达到诗意情感的共鸣。

诗意联读，群文诵"声"，高频用，审美生

诗意联读，"广联博引"，在诗意读根、重读有力、情读护航的同时，单篇诵读的瞬间美和群文互见的永恒美在诗意语文的课堂上更是常见，别致而宏伟。

群文诵"声"，博古通今，将抽象无声的文字激活。诗意联读，群文诵"声"，可以增大课堂的"数"，提升课堂的"值"，提高诵读信度。诗意语文不是只与教参对话，而是与天地对话，与四时对话，与万物对话，构建自己的审美体系。

诗意语文备课有"人"，多方渲染，深读出语言的内核与外延；课堂有"人"就得有"声"，分读齐读，读出精彩，把握文脉，开阔生命视野。在诗意弥漫的课堂上，董一菲老师与学生一同梦回先秦、汉魏、两晋、六朝、盛唐……思接千载，与诸子百家对话，感悟古代圣哲的人生智慧。

董一菲老师对《诗经》爱之弥深，她讲授的《子衿》获得不少好评。她带领一群少男少女读《子衿》中的谦谦君子，领会"优雅的思念"，更把它与《狡童》《将仲子》三篇联读，同样是豆蔻年华、言笑晏晏的少女，却有不同的性格和风采，有的娇俏，有的含蓄，有的温柔，学生读得情意缠绵，多姿多彩。

董一菲老师的联读岂止如此？她居然将"读"延伸到读"画"：她拿出意大利画家波提切利的画作《春》，引导学生用眼去体味画的内涵，巧妙引出问题——如果给《子衿》画一幅画，当如何命名？

当大家都以为联读已然到了极致，她又拿出俄罗斯诗歌《我要从所有的大地，从所有的天国夺回你》（大胆热烈，激情四射），让学生体会东西方的差异，学生瞬间明了。

这样的诗意联读，让学生从陌生到轻松、舒展，再到熟能生巧、得意忘言、忘言多得、乐在其中，拾级而上，审美体系渐次生成。

诗意读根是"源"，诗意重读是"点"，诗意情读是"境"，诗意联读是"面"，诗意读天地是"化"，有面有点，有情有境，有源有化。诗意诵读讲究安心立命，发现一切诗意美的"有用之用"和"无用大用"。上下寻觅、左右求索地诵读，让学生多学、深学、乐学。诗意诵读是"兴发感动"，是创造与摧毁，是内成长，是诗意守护汉语、守护心灵。

董一菲老师一直引领诗意语文工作室在全国各地的老师们，诗意诵读，研磨文，研磨课，研磨天地，研磨自身，研磨心灵，研磨化境，延展出众多名师工作室、名师和优秀教师。

诵读声声，酣畅淋漓，看见山水含笑，看见拔节生长。

（张艳艳：就职于青岛西海岸新区实验高级中学，诗意语文工作室"中考高考前沿"栏目主持人）

晴空一鹤排云上，一问引领总诗意
——诗意语文主问题引领课范式探析

"诗意"是诗意语文教学理念的核心，指向人的终极成长——诗意地栖居。"诗意"恰如春风轻拂，杨柳碧绿的丝绦；如夏阳炽暖，蔷薇满架的幽香；如秋雨绵绵，寒山深处的石径；如冬雪簌簌，黄昏孤村的尘烟。"诗意"是四季的，也是美好的，能给人无限的生命力量，曼妙的生长给养。"诗意"是一生的，更是无尽的，它以自身独特的诗性与哲理的美学价值，提升学生的语文关键能力，涵养学生的语文核心素养。

在"诗意"的润泽下，诗意语文努力营造出一个充满诗性与哲理的课堂。诗性的熏陶，哲理的引领，"摄魂夺魄"的主问题引领课在润物无声中尽布德泽。主问题应该是核心的问题，是挑战性的问题，是牵一发而动全身的问题，能够引领学生在宏阔的视野下把握生命的律动，在微观的视角下丈量生命的长度，在整体中关注个别，在个别下建构整体。诗意语文主问题的提出，应以"深度与广度"为内核，短小精悍，不蔓不枝，兼具诗意与审美、哲思与智慧，一问"摄文魂"，一问"夺文魄"。主问题的创设和提出，承载着推动、摇动、唤醒学生的效能，可有效避免"碎问碎答""泛问泛答"，能够增进学生兴趣，启迪学生哲思，提升学生智慧，引导学生多角度思考、讨论、理解、品味、探究、创编、欣赏，促进学生真实学习的发生，培养学生"一览众山小"的高度和视野。主问题是高度凝缩的问题，凝结着文本的智慧、教者的思考；主问题是一种教学策略，曲径通幽、柳暗花明；主问题是一条教学路径，飞湍瀑流、小桥流水。曲折与直接、宏大与精微、动态与静置，多点开花，多层激荡，师生共振，高质高效，指向学生的终极成长，指向学生的语文核心素养，指向学生"安心立命"的境界。

主问题的特点：一问"摄文魂"，一问"夺文魄"

主问题是相对于课堂上地毯式的碎问而言的，兼顾文本的内容和形式，从整体切入，是笼罩全篇的核心问题，能够引发学生对课文内容更集中、更深入地阅读思考和讨论探究。主问题可以是"提问"，也可以表述为"问题""话题""活动""情境"或"任务"。富有诗性和哲理的主问题，要求教师引领学生诗意地理解语文，追求语文深沉的诗的意味，以美的姿态穿越时空，以美的魅力丰富灵魂。因此，诗意语文的主问题引领课在主问题的创设和提出方面，既要关注诗意，又要兼具审美；既体现为哲思又充满智慧，隐晦曲折与简约直接并举，深度与广度并存。

首先，富有诗性和哲理的主问题应该是具有纲领性的牵一发而动全身的问题，"壹引其纲，万目皆张"（《吕氏春秋·用民》）。纲领性的主问题创设，要求教师具有整体把握文本的能力、细致关注学情的能力、巧妙创设情境的能力，以及精心预设问题的能力。其次，富有诗性和哲理的主问题应该是具有指向性的问题，关乎文本核心，关乎文体特征。指向性的主问题创设，要求教师具有深度解读文本的能力、抓住主要矛盾的能力、全面考量问题的能力，以及个性独特的思考能力。最后，富有诗性和哲理的主问题应该是具有梯度性的问题，一节课中可以有几个主问题，这些主问题有着科学有序的安排，彼此关联，形成梯度，助推学生，拾级而上。梯度性的主问题创设，要求教师具有独特的教学设计能力、新颖别致的创新能力、收放串联的牵引能力，以及旁征博引的迁移能力。教师要积极利用身边的各种资源和机会，通过创设具有梯度性的主问题，引领学生在阅读与鉴赏、表达与交流、梳理与探究等语文实践活动中，转变语文学习方式。

很大很美的教室 ●

总之，富有诗性和哲理的主问题创设，对教师有着极高的要求，这也意味着教师要时刻勉励自己，成为一名读书型教师、学习型教师，并逐渐向研究型教师转变。

主问题的创设：一问"观沧海"，一问"览山小"

诗意语文的课堂是生成的、动态的、成长的、灵动的，诗意语文的课堂"充满诗意、充满审美、充满理想、充满智慧、充满激趣、充满执教者热烈的情感、充满孩子生命的成长"①。创设富有诗性和哲理的主问题是实现语文诗意的有效途径，是提升学生语文核心素养的有力策略，是关注学生和生命成长的至美法则。

1. 从诗文题目入手创设富有诗性和哲理的主问题

题目即文章或诗篇的标题，可以是"文眼"，也可以是中心，对理解文章及诗词有一定的提示作用，窥"标题"而知全豹，牵"标题"而动全身。由题目入手创设的主问题往往如题目一样，是简约的、干练的，这类主问题一般安排在一节课的初始阶段，可以是对诗文内容的整体把握，可以是对诗文情感的初步探析，可以是对题目要素的深度挖掘，可以是对诗文美感的诗意品析……当然，这类主问题如若安排在一节课的收尾，大多是对主题的拓展与深化。

（1）补写题目，把握整体。

补写是在阅读、写作教学中常用的手段之一，一般根据所给内容，补写相应情节，以使文章完整。补写题目却不同于补写文章，这对教师而言，是一种创新，更是一种机智；对学生而言，补写题目暗含着强烈的任务驱动，既要求整体把握诗文，又要求关注细节。通过补写题目，学生能够在

---

① 董一菲. 发现语文的诗意［J］. 中国教师，2017（3）.

丰富的语言实践中，主动地积累、梳理与整合，形成个体的言语经验。古有女娲，"炼五色、补天无迹，扶日天衢光四被"，今有学生，发挥想象，补"题"有法，识文知意纳百川。

如执教《伯牙鼓琴》时，董一菲老师创设了这样的主问题：为《伯牙鼓琴》补写一个漂亮的题目，好吗？

师：同学们，我们一起来欣赏黑板上的题目，这是实验学校六年级的孩子们为两千多年前的《吕氏春秋》中一段绝美的短文命名的题目。（指向"知音难觅"的题目）请起这个题目的同学解说。

生：这段文字讲述的是伯牙寻找知音，后来知音病逝，伯牙最后破琴绝弦的故事。我觉得伯牙寻找知音非常难，所以定了"知音难觅"的题目。

师：（读其中一个题目）"伯牙绝琴"，"鼓琴"只是事件的开端，那么"绝琴"是事件的——

生：结果。

师：这是结局，一眼看穿，从头至尾，这是阅读的穿透力，会读书的孩子才会望尽结局，而不是停留在开始。

师：（读一标题）"伯牙失知音而绝弦"，非常典雅的文言句式。这是哪位小朋友想到的？

（两位男生举手）

师：（看向黑板）有的同学起的题目非常简练，哪位同学起了"知音"的标题？

生：因为伯牙在鼓琴时，没有人能够听懂他琴中的意思，只有钟子期，一个樵夫，可以听懂，于是钟子期就是伯牙的知音。

师：这位女同学过滤了所有的具象内容，人物、时间、地点，还有事件，全都省略了，只升华了一个词——"知音"，足矣！

——董一菲《伯牙鼓琴》教学实录

从以上课堂实录中，我们关注到学生在补写题目时，关乎整体，关乎想象，关乎炼字，关乎情感。学生在具体的语言实践中，积累、建构和运用，思考被激活，热情被点燃。学生的创意回答，教师的机智点拨，无不体现着"诗意语文"的智慧。

（2）评价题目，审美体验。

评价，可对人，可对事，可对文，亦可对题。评价是依靠判断与分析，进而得出结论。然而，评价题目并不是单纯地评价它的好坏，还要深度评价其背后的缘由，在判断、探究、研讨、分析的过程中，品文美，悟深意，陶性情，激思辨，练达雅。

如执教《朝花夕拾》整本书导读课时，董一菲老师创设的一个主问题为：《朝花夕拾》题目好在哪里？执教《飞鸟集》整本书导读课时，董一菲老师创设了这样的主问题为：你喜欢泰戈尔《飞鸟集》这部诗集的名字吗？为什么？

师：《朝花夕拾》题目好在哪里？

生：我觉得《朝花夕拾》蕴含着之前的《旧事重提》，作者把所经历的事情重新讲一遍。把"故事"比喻成"花"，体现了作者对曾经的故事的怀念。

生："朝"与"夕"是时间上的对比，"朝"代表他的童年，而"夕"代表中年。"花"本身就是一个非常美好的意象，所以这里隐藏着"他的童年生活是美好的"；在"夕"时，中年的时候，把落花拾起来，表达了自己对童年生活的怀念之情。"朝花夕拾"也有非常浓厚的散文美感。

师：同学们把"朝"与"夕"抓得多好啊！"朝"——青春的岁月，童年的时光，"夕"——中年，用词精准！"朝"与"夕"，不仅注意了这两个字，还注意了一个重要的意象——"花"，前面两位同学都注意到了，用"花"来说自己的童年，自己的青年时代，回眸过往的日子如花。

生：花需要拾起但已落了，鲁迅先生是说自己的童年离去了，现在只能回忆。

师：她不仅注意到"花"的意象，还注意到动词——"拾"，表面上是"拾起"，暗含了太多的过程。那个过程是花开与花落，岁月如歌，岁月如花，多美的体会！

——董一菲《朝花夕拾》整本书导读课

师：你喜欢泰戈尔《飞鸟集》这部诗集的名字吗？为什么？你可以说喜欢或者不喜欢。泰戈尔，印度大诗人，东方第一个获诺贝尔文学奖的诗者，《飞鸟集》是他的代表作之一。请同学们踊跃举手发言。

生：我很喜欢这个诗集的名字。"飞鸟"，我感觉就是鸟在天上飞，无拘无束的，代表着思想的自由，所以我很喜欢诗集的名字。

生：我觉得这个诗集的名字非常具有画面感，让人看到这个名字后，就有一种对这本书的期待和向往，更能体现这本书里泰戈尔对自由或者生命的一些见解。

师：这个女孩子读出的是画面感，诗如画，好的诗就是一幅好的画。诗如乐，好的诗歌就具有音乐之美。她读出来了，真的了不起！

——董一菲《飞鸟集》整本书阅读课

以上两节课堂实录，均关乎整本书阅读。我们不难发现，评价题目主问题的创设，能够引领学生快速、有效地进入整本书的世界，与经典对话，与经典互动，在对话与互动中燃起对整本书的亲近感与阅读兴趣，这对推动整本书阅读及教学起到事半功倍的作用。在评价题目主问题的引领下，学生能够探索阅读整本书的门径，形成和积累自己阅读整本书的经验。当然，评价题目主问题的创设，绝不仅限于整本书阅读教学，单篇、群文均可适用。

（3）诠释题目，直抵文意。

诠释，可说明，可解释，可理解，亦可阐明。诠释不仅关乎基础含义，还重视深层意蕴。

如执教《周亚夫军细柳》时，董一菲老师创设了这样的主问题：为什么要读成"周亚夫／军／细柳"？

> 师：为什么要读成"周亚夫／军／细柳"？"周亚夫军细柳"中的"军"是什么词性？
> 生："军"是动词。
> 师："军"是动词，驻军。"细柳"，这是一个什么样的所在呢？
> 生：驻军的地点。
> 师："细柳"是驻军所在的地名。
> 师：请同学们齐读题目。
> 生：（齐读）周亚夫军细柳。
>
> ——董一菲《周亚夫军细柳》教学实录

以上课堂实录中，由诠释题目切入，涉及断句，涉及词性，涉及文章大意，涉及诵读指导，既有对题目基础含义的理解，同时也引导学生细读文本，挖掘题目的深层意蕴。学生在诠释题目的过程中，能够获得对语言和文学形象的直觉体验，增强形象思维能力。诠释题目主问题创设，看似平淡简约，实则匠心独运，课堂后续紧接引导学生校正字音等学习问题，也就水到渠成。

（4）对比题目，直通文旨。

对比，可对比双方差异，亦可对比双方矛盾。"暗香已压酴醾倒，只比寒梅无好枝"，比差异，突梅香；"一寸光阴一寸金，寸金难买寸光阴"，比矛盾，显时惜。对比题目，可在对比中发现文题、诗题的精到之处，在对比中激发学生的深度思考。同时，对比题目，能够培养学生的辩证思维和批判性思维，提升学生思维的逻辑性。

如执教《故都的秋》时，董一菲老师创设了这样的"主问题"：为什么要叫"故都的秋"？为什么不叫"北平的秋"？"故都的秋"比"北平的秋"好在哪里？执教《涉江采芙蓉》时，董一菲老师创设的"主问题"是：为什么诗人不说"涉江采莲花""涉江采荷花"，偏偏要说"涉江采芙蓉"呢？

师：为什么要叫"故都的秋"？为什么不叫"北平的秋"？1931年日本侵占东北，1932年"东方小巴黎"哈尔滨沦陷，1933年万里长城第一关山海关被攻破。此文写于1934年。"四面边声连角起"，我的故国，生生世世，生于斯、长于斯的地方，有那么多的人，他们是都市闲人，他们不知道有这样的忧患，敌人已兵临城下。题目不称"北平"而称"故都"，"故都的秋"比"北平的秋"好在哪里？

生：我认为"故都的秋"，首先点明地点，大家都知道故都就是北平。另外，它蕴含了作者内心对故都的一种深切眷恋，他肯定是非常希望失陷的国土能被收复回来。最后，我觉得故都文化底蕴是深厚的，读来有一种很深的历史厚重感。

师：谈得非常好，有一种情感叫"故"。故人，朋友，情感所系。故都不仅是一个空间概念的北平，而且是时间的内容空间化，空间的内容时间化。它有一种时空的融合，正如唐诗的七绝压卷之作——王昌龄的《出塞》，开篇是"秦时明月汉时关"，时间内容空间化，空间内容时间化。大开大阖，那份眷恋，那种情怀，当然"故都"好于"故国"，好于"北平"。

——董一菲《故都的秋》教学实录

观察以上课堂实录，我们会发现，通过对比"故都"与"北平"，学生的思考与回答直接指向文章的主旨。在教师的拓展与点评下，学生又会发现"新大陆"，能够辨识、分析、比较、归纳和概括所发现的问题，有理有据地表达自己的观点和阐述自己的发现。对比题目主问题的创设，有助于拓宽学生的思维，增进学生理解文本的深度和广度。

2. 从诗文语言入手创设富有诗性和哲理的主问题

"昔者仓颉作书""天雨粟，鬼夜哭"（刘安《淮南子·本经训》），语言文字自古以来便拥有"神力"，诗文语言更是有着独特的魅力。汉字虽小，却承载"大道"。尽管"大道"无为无形，"可传而不可受，可得而不可见"（《庄子·大宗师》），却被语言文字架起可感知、可领悟的桥梁。海德格尔曾说"语言是存在的家"。文字虽小，却能涵盖古今，铭刻恒久；文字虽小，却能透视心灵，镌刻当下。语言文字是诗文的"细胞"，每一个"细胞"都是分析诗文、理解诗文的"通关密码"。这"密码"可以是读音、含义、字形、结构和用法，可以表示色彩、彰显文化、凸显形象、展示性格、蕴藉情感，可以是整齐、压韵、顿挫、抑扬、平仄、对仗，可以是一个动词、一个名词、一个形容词、一个介词、一个语气词、一个拟声词、一个叠词……由诗文语言入手创设的主问题是多样的，但无论怎样变化，它的终极指向都是引导学生在品析语言文字的基础上，在语言建构与运用的过程中，走进文本内核。

（1）关乎读音、含义、字形、结构和用法。

如执教《伯牙鼓琴》时，董一菲老师创设了这样的"主问题"："善哉乎鼓琴，巍巍乎若太山！""善哉乎鼓琴，_____乎若_____！"你可以造出叠词吗？

生：善哉乎鼓琴，悠悠乎若微风！

师："悠悠乎若微风"，思悠悠，荡悠悠，风中有情。

生：善哉乎鼓琴，绵绵乎若细雨！

师：绵绵的细雨，一定是春雨吧？"天街小雨润如酥"，那份温情与感动，那份蓬勃与天真。

生：善哉乎鼓琴，皎皎乎若明月！

师：皎皎明月，源自《诗经》，如此古雅，曾经照亮中国月下第一美人。

生：善哉乎鼓琴，茫茫乎若原野！

师：茫茫的原野，辽阔的原野，野性的原野。我怀疑你读过杰克·伦敦，他写的《野性的呼唤》，生命的力量多么美好！

生：善哉乎鼓琴，滔滔乎若江河！

师：滔滔的江河，江河比流水还辽阔。潘江陆海。

生：善哉乎鼓琴，依依乎若杨柳！

师："依依乎若杨柳"，刚刚学来就用了，你是有才华的孩子。

生：善哉乎鼓琴，悠悠乎若空灵！

师："悠悠乎若空灵"，咱们班的小诗人横空出世。他逃脱了具象，走向了抽象，于是空灵之中才有生命的思考。"空灵"在《二十四诗品》中是上品。你有一颗审美的心灵。

生：善哉乎鼓琴，天天乎若桃花！

师："天天乎若桃花"，此处的桃花实际上非此桃花也，是新嫁娘的意思。

生：善哉乎鼓琴，雨雨乎若珍珠！

师：这个叠词，老师闻所未闻，见所未见。哪两个叠词？可以创造！

生：善哉乎鼓琴，雨雨乎若珍珠！

师：懂了。雨雨！每一滴雨，所有的雨珠，"大珠小珠落玉盘"，我觉得已经远远超过了白居易"大珠小珠"四个字。"雨雨"两个字，每一滴雨，如椽巨笔，横扫千军。帅气，这么好的基础，这么好的学校和这么好的老师，培养了这么好的孩子们。

——董一菲《伯牙鼓琴》教学实录

通过以上实录，我们发现，以叠词为切入点创设主问题，巧妙、灵动，极富诗意。学生诗意表达，教师魅力点评，仿佛让文字有了血肉，有了灵魂，有了情感。这一主问题的创设直抵学生内心，直击学生灵魂，既能引导学生积累和建构语言，又能冲击与震撼学生的心灵。学生在语言建构与

　　　　　　　　　　　　　　　很大很美的教室

运用的基础上，形成了正确的审美意识、健康向上的审美情趣与鉴赏品味；在积极的语文实践中，品味文化，理解文化，传承文化。

（2）关乎色彩、文化、形象、性格和情感。

如执教《诗经·郑风》爱情诗群文阅读时，董一菲老师创设了这样的主问题：同学们，开篇第一句的"青青子衿"，不就是一个色彩吗？但它又不是确指。"青青"究竟有多少种颜色？"堪比那湛湛青天"，这里面的"青"是什么意思？

生：是蓝色的意思。

师：我换一首《古诗十九首》里面的"青青河畔草"，这又是什么颜色？

生：绿色。

师：你们学过朱自清先生的《背影》吗？还记得他的父亲穿的长袍的颜色吗？

生：深蓝色。

师：它还可能是青色、绿色、蓝色、中间色等，古人还提到"石青色"。读张爱玲的小说《金锁记》《倾城之恋》，读她的散文，你会发现，其中有许多色彩。读《红楼梦》尤其如此，我们的汉语，究竟会给"青"加多少修饰语呢？用什么来修饰呢？

师：我们会说"粉青"，会说"豆青"，宋朝的名瓷"青瓷"，"雨过天青云破处"，还有"梅子青"这样的色彩穿透了时光，穿透了岁月。我们生活在厚重的土地上，还有一种惊人的图腾——海东青，来自大海之东的一道青色的闪电。这些"青"的词语用了哪些修饰语？

生：它们大多是用名词修饰。

师：用名词来修饰它，如何？理由是什么呢？

生：可以很好地修饰，它们可以和生活紧密联系，而且比较形象。

师：非常会解词，很形象，也很生活化，又是如此入眼入耳入心。有人说，名词是最大的修饰词，它的包容性太强了。若写诗，千万不要忘记用名词来修饰。

——董一菲《诗经·郑风》爱情诗群文阅读教学实录

以上实录，由"青青子衿"拓展开去，看似分析"青"色，实则引领学生在文化的星海里徜徉，在诗情的碧霄上踏浪。教师的引导，学生的互动，你一言，我一语，每一声呼吸都是诗意的交响。

（3）关乎整齐、压韵、顿挫、抑扬、平仄和对仗。

如在执教《飞鸟集》整本书阅读课时，董一菲老师提出这样的主问题："Nothing，but my heart." 这个简单的句子怎么翻译才是泰戈尔式的表达？

师：翻译有三个层阶，第一"信"，第二"达"，第三"雅"。

生：没有什么东西，但是我的心在这里。

师：我的心在这里。真正的大诗人是有一颗诗心的人。风也是诗，雨也是诗，蜂也是诗，叶也是诗，太阳更是诗。

生：没有什么，我心犹存。

师：我心犹存，多讲究。为什么好？用比喻的修辞了。

生：没有什么，我的心如约而至。

师：如约而至，比永远和你在一起、和中国在一起，更加委婉，更加含蓄。

生：没有什么，我的心仍在此地。

师：状语后置，强调在此地。诗永远不是常式句，应是变式句，像"多情应笑我，早生华发"。

生：没有什么，但是我的心仍存。

师：更简单了。

生：没有什么，我的心永存。

师：一个"永"字，是那么长长久久，与山川岁月同在。

生：没有什么，但我的心已经爱上这里。

很大很美的教室

师：这是创造性的翻译，大胆，艺术就需要大胆。

生：没有什么，但是，我却带不走我的心。

师：写出心之执着，写出心心念念。

生：没有什么，但我心的归属在这里。

师：好一个"归属"，对中国的一种认同。

生：除了我的心在这里，也没有什么了。

师：第一个创新的孩子，她把后面提前了，强调没有什么了。

生：没有什么了，但我想带走我的心。

师：这是最好的翻译，"我想带走我的心"，所有的余力都留下来，我的心不肯跟我走，多含蓄，真正的泰戈尔。以后，读《飞鸟集》不读郑振铎翻译的了，读曾与我有一面之缘的学生翻译的。

——董一菲《飞鸟集》整本书阅读课

以上实录，为我们展现了一个唯美而诗意的课堂。我们仿佛看到，师生于山水之间纵情，于恒河之畔沉吟。学生在翻译句子的同时，能够感受和体验文学作品的语言与情感之美，激发学生美的创造、美的表达。一句外文，一句翻译，引导学生走近诗者，更走进诗心。

3. 从设置情境入手创设富有诗性和哲理的主问题

学习是在各种情境中创造新意义与解决新问题的过程，语文核心素养的培育、学生学习的真实发生均与真实情境密切相关。设置情境"主问题"，可"陶情养性""无言以教""里仁为美"；可暗示启迪，锻炼思维，培养能力。情境式主问题可以带给学生丰富的形象感受、真切的情感体验、理性的批判思维。形真、情切、意远、理蕴，训练感觉，培养直觉，发展创造，并与道德、审美相结合，指向人的终极成长。所以，创设富有诗性和哲理的情境主问题，需要教师为学生搭建认知支架，整合教材内容，并联系学生的个人体验、社会生活和学科认知。

如执教《诗经·郑风》爱情诗群文阅读时，董一菲老师创设了这样的主问题："如果让你为《子衿》画一幅画，你会为这幅画起什么名字呢？你要用什么色调，画什么人物，什么背景？"引导学生直抵诗歌内涵，想象勾勒唯美画面。执教《朝花夕拾》整本书导读课时，董一菲老师创设了这样的主问题："一、有人说鲁迅先生的作品是五味杂陈，结合文本谈一谈。二、如果用色彩来比喻鲁迅的《朝花夕拾》，你会用什么颜色？三、有人说《朝花夕拾》的主题还是'救救孩子'，你有何看法？请同学们任选其一。"三个主问题，三个等级，三个层次，引导学生关注情感，关注主题，引发思考，激发思辨。执教《秋颂》时，董一菲老师创设了这样的主问题："以刘熙载的诗句'山之精神写不出，以烟霞写之；春之精神写不出，以草木写之'为例找寻描写对象"，引导学生填写"秋之精神写不出，以＿＿＿＿写之"，巧妙拉近学生与文本的距离，引领学生探究意象。执教《伯牙鼓琴》时，董一菲老师创设了这样的主问题："请默读课文，速读课文。伯牙在子期离开这个世界之后，破琴绝弦，这么做好吗？"引导学生"走进"伯牙、子期的世界，品味语言，体悟情感，亲近主题……

观察以上情境式主问题，我们不难发现，诗性和哲思、思维和审美、活动和趣味……一点一滴，于无形中遁入学生每一个成长瞬间。这是师者的智慧，更是师者的情怀。

主问题的意义：一问"力拔山"，一问"气盖世"

诗意与审美、哲思与智慧、以情感人、生命的成长，是诗意语文的关键词，也是诗性而哲理的主问题的关键词。

1. 诗意与审美

"诗意"，诗意地理解语文，追求深沉的诗的意味，既是诗意的方式，又是诗意的精神；"审美"，以美的姿态穿越时空，以美的魅力丰富灵魂。

诗意语文的主问题引领课在主问题创设和提出方面，是既关注"诗意"又兼具"审美"的。同时，富有诗性和哲理的主问题所关注的"诗意"，既可以是主问题本身的诗意，也可以是引导学生追求的"诗意"；所兼具的"审美"，既可以是教师从课文整体品析的角度提出的审美要求，也可以是学生在研讨主问题时生成的审美体验。

2. 哲思与智慧

"哲思"，隐晦曲折呈现的方式，深度且深入人心的力量；"智慧"，拓展延伸的机智，内化迁移的聪慧。诗意语文的主问题引领课在主问题创设和提出方面，其"哲思"重在深度，其"智慧"重在广度。"哲思"是主问题的呈现常态，既体现教者问题提出背后对学情的把握思考，也体现教者高超的文本解读能力；"智慧"是主问题创设和提出过程中教者对学生横向和纵向的引领，横向关注的是广度，纵向则关注深度。所以，诗意语文的主问题引领课，不仅关注学生原有的认知结构，还关注学生结合自身经验来理解和建构新的知识与信息，引导学生在教者创设和提出的或直截了当或隐晦曲折的主问题下，一步一步，发展思维，横纵提升。

诗意语文的主问题引领课，时刻以学生为中心，时刻关注学生的参与和实践。在整个教学过程中，教者是组织者、指导者、帮助者和促进者，利用主问题充分发挥学生的主动性、积极性、创造性，进而提升学生的语文核心素养。

3. 以情感人

"以情感人"是语文课堂区别于其他学科课堂的一个突出特点，诗意语文更是追求一种热烈的情感。诗意语文的主问题引领课，能够以真挚的情感吸引学生，以热烈的情感触动学生。

主问题饱含着教者对文本内容的全局把握，教者的真挚情感是"有意"而"无痕"的。观察学生针对主问题的研讨与回答，我们不难发现，热烈的情感在课堂中被真实触发，学习在课堂中真实发生。这种热烈的情感也作用于学生对文本的理解与贯通，学生的审美鉴赏能力得到提升，中华传统优秀文化得以传承与理解。

4. 生命的成长

诗意语文观照人的"生命的成长"，包括学生生命的成长和教师生命的成长两个层面。在促进学生生命的成长方面，《普通高中语文课程标准（2017年版2020年修订）》在课程"基本理念"中提出要求："坚持加强语文课程内容与学生成长的联系，引导学生积极参与实践活动，学习认识自然、认识社会、认识自我、规划人生，在促进人的全面发展方面发挥应有的功能。"诗意语文就是要用语文的诗意美好塑造学生人生的诗意美好，学生生命的成长发生在诗意语文的课堂上，诗意语文会给学生带来一粒希望的种子。

由此可见，诗意语文课堂，特别是富有诗性和哲理的主问题课堂，更应该是促进学生生命成长的"生命场"。这一生命成长的"生命场"涵盖了人生、理想、诗意、远方、命运、生死等多个层面。学生在这无尽的"生命场"中，分析、研讨、分享、表达，于无形中融入体验生命的"情境"中。他们认识世界、认识社会、认识人生、认识生死，并且在诗意唯美的氛围下不断熏染，不断成长。

教师生命的成长侧重于教师的自我成长与蜕变。主问题的创设和提出离不开教师对文本的深度解读和挖掘。文本解读在建构诗意语文中居于首位，这便要求教师不断提升自己的文本解读能力，让文本解读成为自己的"看家本领"，文本解读在建构诗意语文中居于首位。教师不仅要关注课堂语言，还要关注课堂细节。余映潮老师强调："'主问题'是阅读教学中能从课文整体品析的角度或者学生整体参与的角度引发大家识记、思考、讨

　　　　　　　　很大很美的教室

论、理解、品味、探究、创编、欣赏活动的重要的提问或问题。"[1]

　　以上基于主问题的学习活动创设，离不开教师自我生命的成长，教师生命的成长的阵地便是课堂。

　　（刘洪涛：就职于内蒙古自治区赤峰红旗中学，诗意语文工作室"文本解读"栏目主持人）

---

[1] 余映潮.追求"一问能抵许多问"的教学效果——"好课"的教学设计理念之五［J］.新课程研究，2014（9）.

巧手织就彩虹锦，起承转合总关情

——诗意语文自读课堂范式探究

课堂是教学活动的核心组成部分，是教师和学生相知相融、共同探索知识奥秘的生命场。教师能否利用好这一资源，是教学成效能否取得最大化的关键。语文的学科属性决定其课堂必然是千变万化、多姿多态的。长久以来，无数老师在语文的田地里精耕细作，上下求索，取得了令人瞩目的成绩，同时也使语文教学出现了"百花齐放"的局面，而由董一菲老师引领的诗意语文无疑是其中耀眼的一朵。

综观诗意语文课堂，或曲径通幽，于悠然前行中摘取亮丽的语文之花；或诗意氤氲，于诗情画意中让人感受到语文的魅力。有的大气磅礴，颇有刘禹锡"晴空一鹤排云上，便引诗情到碧霄"的豪情壮志；有的浅斟低唱，虽是"低眉信手续续弹"，却收"大珠小珠落玉盘"之效，玲珑剔透，引人入胜，真可谓精彩纷呈，各有其妙。

在此专谈一下诗意语文的自读课堂教学。自读课是新教材三大课型之一，温儒敏教授指出："精读课主要是老师教，一般要求讲得比较细，比较精，功能是什么？就是给例子，给方法，举一反三，激发读书的兴味。而自读课主要不是老师讲，而是让学生自己读，把精读课学到的方法运用到自读课中，自己去试验、体会。两种课型不同，功能也有不同，配合进行，才能更好地完成阅读教学。"因此，自读课应体现以学生为主体的教学理念，把更多的时间和空间交给学生，教师则需要对学生进行学法的指导。

诗意语文自读课堂的特点

　　诗意语文的自读课堂，在重视语言文字本身的同时，更着力去打造独具特色的语文课堂，体现出对生命的重视和对文化的珍视。具体来说，它呈现出以下特点。

1. 主干枝叶相覆盖，根深叶茂可参天

　　何为师者？唐代韩愈曾经给出这样的答案："师者，所以传道受业解惑也。"教师要"传道"，离不开知识的传授，问题是语文的知识并不像理科那样系统和显性，它更多的是零碎的，是隐性的，这就需要教师具有一定的重组知识和开发教学资源的能力。每节课应有所侧重，这固然不错，但对语文而言，课堂不但需要有知识的骨架构建，更需要用知识的血肉填充，只有这样，才能构建出一个生命力充盈的课堂，使课堂真正走进学生的心里。诗意语文在吸收众多名家理念的基础上，结合语文课的本色和基本特征，在课堂上着力打造树状的知识体系，即以课堂的教学重点为根基，逐渐延伸知识的内涵和外沿，顺着教学的主干一路开枝散叶，最终生成参天大树，从而帮助学生打通此岸和彼岸的阻碍，将各种不同的知识联系并融合在一起，构建起自己的知识体系。试以下面课例为例。

　　师：的确，有很多的声响，诗词中有太多的声响，但这声响绝不是喧闹，就像李白，喜欢笛声，喜欢箫声，他的诗中会写"谁家玉笛暗飞声，散入春风满洛城"，写尽了满城的相思，他会说"箫声咽，秦娥梦断秦楼月"。白居易会在同样一个月夜当中，用琵琶声写出一个女子心灵世界的探索。陶渊明说不，我反对一切人为的音乐。他的诗中是什么音响？请看《归园田居》，有什么样的音响？

生：我觉得陶渊明的诗中是自然界中固有的声音。

师：太棒了！举例说明。

生：狗吠，鸡鸣。

师：狗在哪里叫？

生：深巷中。

师：深巷中住的是农人，现在养鸡场的鸡是飞不到桑树上鸣叫的，说明——

生：说明这是一种非常淳朴和自然的环境。

师：这就是大自然的声音，这就是田园独有的声音，这就是田园的魅力，它召引我们回归，归去，不要忘记来时路。古人说"人籁不如地籁，地籁不如天籁"，这就是陶诗，这就是田园。作为田园诗的鼻祖，他开宗立派，与之遥遥呼应的是盛唐，盛唐的山水田园诗人有两位，一位是诗佛王维，一位是孟浩然。一起看大屏幕上的两首诗，比较一下，孟浩然的田园诗和陶渊明的田园诗有何不同，同样写山林，王维和陶渊明写的又有何不同。你有哪些发现呢？其实，这就是艺术的不二法门，永远存在比较。就像中国古典小说的巅峰《红楼梦》，一定要塑造两个主角让你分不清谁更重要，那便是双峰对峙、二水分流的钗黛，薛宝钗有着倾国倾城貌，林黛玉有着风露清愁。

师：那么，请同学们辨识一下大屏幕的两首诗。

……

——董一菲《归园田居（其一）》教学实录

《普通高中课程方案（2017年版2020年修订）》关于学科课程标准有这样的表述："重视以学科大概念为核心，使课程内容结构化，以主题为引领，使课程内容情境化，促进学科核心素养的落实。"在上面这个课例中，教学的主干当然在《归田园居（其一）》这首诗，教师巧妙地对学生的答案进行适当的点拨和引申，从而加深了学生对诗歌本身的理解。但如果仅仅

很大很美的教室 ●

是这样的话，课堂显然是缺少厚度的。因此，教师并没有止步于此，而是在此基础上继续加以引导，以"声音"为契机，带领学生在田园诗的长河里漫溯，同时还通过王维和孟浩然的两首诗带动学生对此类诗歌进行对比赏析。这就开阔了学生的视野，也符合"由一篇知一类"的教学要求，充分体现了"用教材教"的教学理念。当课堂的主干确立之后，教师还需要用大量的枝叶去充实课堂的角角落落，使其更加广阔和丰厚。在这里，教者引用李白、白居易、王维、孟浩然等不同诗人的作品，既涉及诗歌的选材，又比较了不同作品之间的联系和区别，为学生开启了一扇更广阔、更博大的知识宝库之门，真正体现了"学科大概念、内容结构化、主题为引领"的新理念。

这样繁密茂盛的知识体系，在诗意语文的许多课例中得到了充分的体现。在《朝花夕拾》整本书导读课中，教者引入了司汤达的《红与黑》、孔子的《论语》、鲁迅的《呐喊》《彷徨》、萧红的《呼兰河传》，以及《二十四孝》等文化典籍，古今中外，旁征博引；在《平凡的世界》整本书导读课上，教者引入了《易经》的精神、罗曼·罗兰的名言、《红楼梦》《水浒传》《安娜·卡列尼娜》《我的名字叫红》的结构、《琵琶行》《孔雀东南飞》的诗句、《三国演义》的开篇、丘比特的神箭等，就连《巴黎圣母院》和希腊神话这样风格迥异的题材，都被教者娴熟地运用在课堂上，使之成了课堂上的一朵浪花、一片绿叶，荡涤着学生的心灵，唤醒他们的灵魂。就是在这样的课堂上，一棵棵枝繁叶茂的知识树慢慢地成长起来，高大起来，最终扎根于学生的心底，成为他们生命历程中最坚实的根基，滋润和养育着他们，影响着他们，春风化雨，处处芬芳。

2. 字里行间巧寻觅，一颦一笑皆有情

语文的本质在于什么？必在于文字，必在于语言，必在于字里行间。没有了文字，再好的思想，再美的风景，都会成为无根之木、无源之水，绝不可能持久。因为有了文字这个载体，我们才能在灯红酒绿的现代都市

里安安静静地品读一番陶渊明的《归园田居》；也是因为有了文字，我们才能在若干年后的今天，继续被李白"长风破浪会有时，直挂云帆济沧海"的万丈豪情所鼓舞、被杜甫那"安得广厦千万间，大庇天下寒士俱欢颜"的悲悯情怀所震撼。无法想象，若是没有了文字这个载体，我们的世界将会变得多么荒凉，多么无趣。钱梦龙老师说过，语文课就应该带领学生们"在语言的世界里摸爬滚打"，可谓道出了语文课的真谛。《普通高中语文课程标准（2017 年版 2020 年修订）》将"语言建构与运用"作为基本的素养加以提出，并作了如下阐释："语言建构与运用是指学生在丰富的语言实践中，通过主动的积累、梳理和整合，逐步掌握祖国语言文字特点及其规律，形成个体言语经验，发展在具体语言情境中正确有效地运用祖国语言文字进行交流沟通的能力。"好的语文课，应该是紧贴着语言文字飞翔，在文字的世界里进进出出，多方寻觅，多方探索。抓住了这个根本，就抓住了语文课的灵魂。

我们来看下面这两个课例。

师：曲阜一中的同学们真了不起！正如《论语》所说的，回答问题，跟长者谈话，"侃侃如也"。文字，是我们学习语文的过程。首先，从文字入，再经历思维、审美和文化的推敲过程，再从文字出。同学们把"朝"与"夕"抓得多好啊！"朝"——青春的岁月，童年的时光，"夕"——中年，用词精准！鲁迅先生写《朝花夕拾》时是四十五六岁，人到中年，这份情感通过"朝"与"夕"来表达，他看到了这种对称之美，中国汉字是讲究对称之美的，中国文化是讲究对称之美的，不仅注意了字，还注意了一个重要的意象——"花"，前面两位同学都注意到了，用"花"来说自己的童年，自己的青年时代，回眸那一瞬，过往的日子如花，这是一个非常美丽的意象。还有补充吗，同学们？

——董一菲《朝花夕拾》整本书导读课

师：嗯，非常好。"平安"，互文的修辞格。"主人下马客在船""秦时明月汉时关""烟笼寒水月笼沙"，(师生齐说)"东西植梧桐，左右种松柏""居庙堂之高，则忧其民；处江湖之远，则忧其君"。好了，互文的修辞格，不再讲了。那么，"安"与"平"又何尝不是如此？于是，有着各自人生的跌宕，又有着生命的交汇。非常漂亮！哪位同学还能说说自己的创意图？好，这位同学，好复杂的、好精彩绝伦的创意图，使我想起远古时代陶器上的花纹，那云样的纹，那水样的纹，那样古朴，那样悠远，那样中国。哪位同学是作者？请你来解释一下。

——董一菲《平凡的世界》整本书导读课

这两个课例中的语文味是非常浓的。第一个课例中教师引导学生抓住了"朝"和"夕"两个字进行细细品味，一步一步走进文本的深处，同时明确强调"注意字，是我们学习语文的过程"；第二个课例中，在探讨孙少安和孙少平两个人物形象的深层内涵时，教师继续引导学生从文字本身出发，当学生有所感悟时，又及时引入了"互文"这一语文知识对课堂内容进行进一步深化，同时还列举了"主人下马客在船""秦时明月汉时关""烟笼寒水月笼沙""东西植梧桐，左右种松柏"等学生熟悉的句子加以示例，让学生温故知新，收到了良好的教学效果。

除了在教学的切入点和过程中注重抓住语文的本质外，诗意语文课堂还注重对教师语言表达能力的要求。课堂上教师的点评和讲解，除了基本的表情达意之外，还力求体现语文学科的特点，用有语文味的言语组织课堂，使语文教师和其他教师区别开来，形成独具特色的风景。如第二个课例中教师用了"好复杂的、好精彩绝伦的创意图，使我想起远古时代陶器上的花纹。那云样的纹，那水样的纹，那样古朴，那样悠远，那样中国"这样的句子来描述学生的作品，妙语如珠，字字含情，即便是抽离背景单独去读，也让人心神俱醉，深深沉迷于语言的魅力。这样的语文课，本身就像诗歌一样优美别致，引人入胜。

3. 文化生命多契合，碧波深处有珍奇

（1）与文化对话。

语文作为我们的母语学科，自身的特殊属性决定其必然是工具性和人文性的统一。缺少了人文性，语文就缺失了灵魂，也就迷失了前进的方向。《普通高中语文课程标准（2017 年版 2020 年修订）》将语言建构与运用、思维发展与提升、审美鉴赏与创造、文化传承与理解作为语文学科核心素养进行重点强调，并指出："文化传承与理解是指学生在语文学习中，继承和弘扬中华优秀传统文化、革命文化、社会主义先进文化，理解与借鉴不同民族和地区的文化，拓展文化视野，增强文化自觉，提升中国特色社会主义文化自信，热爱祖国语言文字，热爱中华文化，防止文化上的民族虚无主义。"以上这些都充分地说明了文化在语文课堂上的重要性和不可替代性。可以说，合格的语文课，优秀的语文课，绝不会只专注于语文的工具性，只是认几个字、写几句话。这样的语文课就少了高度和深度，浮光掠影，没有长久的穿透力。要以语文的工具性为基，但又能在合适的时候进行恰当的文化渗透，使课堂变得深沉厚重，有形有质。这样既能"脚踏实地"又能"仰望星空"的语文课是诗意语文一直追求的理想课堂境界之一。

请看下面这则课例片段。

（生答，略。）

师：回答得很好，不一样的理解。她认为孙少安的人生更像那片土地，承受着，担荷着，苦难着，为了他人的理想，为了弟弟的理想，为了整个家族的理想，他付出的是土地般的厚重。在《易经》当中有乾卦和坤卦。乾卦的卦辞是："天行健，君子以自强不息。"坤卦的卦辞是："地势坤，君子以厚德载物。"这是另一种发现。少安，是让我们读起来要含着泪呼唤的名字。因为他付出的太多了，以爱的名义，如此厚重的生命。

——董一菲《平凡的世界》整本书导读课

在上面这个课例片段中，面对学生的回答，教师巧妙地引入了《易经》文化："天行健，君子以自强不息""地势坤，君子以厚德载物"。众所周知，《易经》是中华文化的原点之一，其中蕴含的哲理博大精深，古往今来不知有多少人皓首穷经，孜孜以求其中的奥秘，其后的许多文化现象里，或多或少都有它的影子。这样的一本书，这样的一种文化，学生应不应该加以了解呢？当然应该。适时、恰当地在课堂上加以引入，不但增加了课堂的广度和深度，更激发了学生的学习兴趣，使整个课堂呈现出一定的梯度，取得良好的教学效果。在古今中外的文化花园里款款而行，信手拈来，看似漫不经心，实则匠心独运，巧手勾连，从而使语文课有了鲜活的精气神，有了灵气。这是诗意语文课堂的一个显著特点。

（2）与生命对话。

若说对生命的关注和对灵魂的叩问，或是众多关于生命的亘古不息的回响，恐怕没有什么学科能与语文相媲美。在《琵琶行》中，我们与白居易对话，也与歌女对话，为他们的命运叹息，被那一句"同是天涯沦落人，相逢何必曾相识"所感动，谁说这种感动不是源于对生命的深刻认知呢？在《锦瑟》中，一句"此情可待成追忆，只是当时已惘然"不知打动了古往今来多少读者的心，当如风往事一一飘散在历史的天空中时，那些往日的荣耀和屈辱、甜蜜和苦痛，都成为难得的人生回忆，真的希望它们不要走得那么迅速，那么决绝，浊酒空对月，忆从前的又何止李商隐一人？元好问说"问世间，情是何物，直教生死相许"，本是写给一对不离不弃殉情而死的大雁，却被多少人借用过来说人世。

文字的力量是如此强大，强大到可以记录一段人生、一段历史、一个文明，也可以不顾其他，直击人的灵魂深处。我们的课堂如果失去了和生命的对话，那所做的一切就成了没有根基的浮萍，起起落落不知所归，那将是多么遗憾。引导学生通过文本这个桥梁，与文中的人物进行对话，与不同的生命进行对话，乃至与自己进行对话，一直是诗意语文课堂坚持不懈的追求。

我们来看下面这个课例。

师：……人，即使是平凡世界的人们，也需要绽放出属于自己的生命姿态。也许那就是一棵树和另一棵树的故事。叶与叶相处在云里，让我们互相致意。但是没有人听懂我们的言语，我们有各自的生命和土地、爱情与幸福……

……

师：你的这幅图使我想起《三国演义》这部小说开篇的一句话："天下大势，分久必合，合久必分。"（师生齐）人生又何尝不是如此？政治、经济、文学、人生，又何尝不是如此？分了、和了，和了、分了。分分与和和，多么美好的裂变。

……

师：非常好！没有矛盾，怎么能写出人物心灵的深度、厚度、宽度、广度？那份爱的交撞，那份对土地的情感，那份对自己未来的理想与现实的二难选择……

——董一菲《平凡的世界》整本书导读课

在这个课例中，教师的目光并没有局限于文本表面，而是通过科学合理的引导，带领学生一步一步走进文本的深处，与其中的人物对话，与其中的生命对话。不同的人物尽管其生活环境有所不同，但作为生命的本身来说，又具有一定的相似性。可贵的是，教师能够引导学生说出自己的看法，并创造有利的契机，让不同的学生发表不同的意见，教师再不失时机地进行点拨，从而构建了一个关于生命的大力场。就是在这个力场中，学生们一次又一次地认识、体悟和感受，在不同的对话中完成了对生命的感知。毋庸置疑，这种收获绝不仅仅是知识上的，更多的是精神上的，有些东西会从此走进学生的生命中，影响甚至伴随其一生。

诗意语文自读课堂的实践策略

在具体的课堂上，又该如何落实，才能真正体现出自读课的价值呢？对此，诗意语文多方探索，总结出了许多行之有效的方法，在此简论一二。

1. 由点到面有辐射，一石入水起涟漪

在语文课堂上，文本是课堂教学的重要载体和媒介，课堂教学从本质上来说就是教师、学生、文本和作者四者之间多层次、多角度地对话，所以说，好的课堂必然离不开与文本的对话。问题在于，语文教材中的文本多以选文的形式出现，或是一篇原汁原味的文章，或是经过教材编撰者修改过后的文章，或是一篇长文、一部小说中的部分节选。但无论以何种面目出现，其文本自身均具有内在的完整性和知识的系统性。佛说：一花一世界，一叶一菩提。放到语文教学中更是如此，一个文本就是一个世界。文本的世界是无限的，字词句段、语修逻文，甚至里面的一处鸟鸣、几声猿啼，都值得反复品味和斟酌。面对如此的繁叶茂枝，一节课的时间多少显得有些仓促。诗意语文课堂的有效建构，自然绕不过这个问题，如何解决呢？

面对这个问题，理性的做法是"弱水三千，可取一瓢"。一节课的时间是有限的，想把全部内容都塞进去显然不现实，不但吃力而且不讨好，教学效果必然会大打折扣。面对这一现实状况，恰当地选点，然后再以点带面是一个妥当的法子。如在《红楼梦》整本书导读课中，董一菲老师选择了林黛玉这一人物形象作为课堂的"点"，以这个"点"为核心，通过姓名、故乡、葬花、焚诗、生日、花语、居所七个方面具体引导学生分析文本。在这个过程中，教师既让学生接触到了宝玉、宝钗等其他人物，又带领学生品味了小说精致的语言，还探讨了小说的主题，以点带面，成功地让学生领悟到《红楼梦》这一经典小说的魅力。

2.多线交织成立体，相融相生出真知

为何说是多线交织？原因有二：一是教师在课堂上面对的学生各不相同，有的擅长感性体悟，有的擅长理性思维，有的擅长口头表达，有的擅长文字书写，如此迥异的学情决定单一的、固定的模式必然不能适应所有学生的学习需求。二是语文学科的属性决定其拥有无限广阔的内涵和外延，同一首诗歌、同一篇文章，可以挖掘出很多不同的东西来，这就间接决定了语文学科的学习具有多种可能性，同时也给语文老师提供了多元化的教学思路。诗意语文课堂在汲取前人教学智慧的基础上，将打造多线交织、相融相生的立体式课堂作为目标之一并努力践行之。在《平凡的世界》整本书导读课中，董一菲老师以"谁是主人公""小说的结构"和"寻找最动人的细节"为线，形成了课堂上三个大的模块，但各线之间并非泾渭分明，而是相互交织、相互融合的。比如在探讨小说结构这一环节中：

生：这条横线代表的就是平凡的世界这一主线。就是这一大的背景之下，然后三个叉，我不知道是不是就只有我总结出了三个矛盾点。孙少平和孙少安都是由黄土所铸就而成的。他们最初的印象和性格都来自黄土。但是，他们又有着许多矛盾点。我总结出了三个，比如说他们在爱情上的矛盾点，还有对于土地的那种情结，再者，孙少安是一个传统的又富于创新的、热爱土地且不愿意离乡的农民，孙少平则是一个离乡的追梦人，这也是他们思想上的矛盾点。所以我是用叉来表示的，就是这样的。（学生微笑，自信叙述自己的观点。）

师：非常好！没有矛盾，怎么能写出人物心灵的深度、厚度、宽度、广度？那份爱的交撞，那份对土地的情感，那份对自己未来的理想与现实的二难选择。我更愿意理解这三个叉。"三"，极言其多也。人生又何止是三种痛苦？好，非常好，我们继续研读……

——董一菲《平凡的世界》整本书导读课

在这里，探讨小说的结构和赏析人物形象以及追寻小说的主旨同时在发生着，各部分之间相互融合，密不可分。就是在这样的多线交织中，教师带领学生在小说的世界里进进出出，多方品味，反复探索，打开了语文的天地。

3. 首尾相连是圆融，课堂本来可为诗

华夏文明骨子里对圆有着特殊的爱好，我们认为圆形是世界上最完美的图形，道家文化的载体太极图也是圆的，这种圆文化深深地印在了人们的心里。古人讲求落叶归根，无论年轻时走得多远，立下了多少丰功伟绩，最后还是想回到当初的故乡，从哪里来，回哪里去，用生命精心地画一个圆。所以，我们读书也好，看戏剧也罢，无论过程如何艰辛，最后都希望看见一个大团圆的结局，见不得棒打鸳鸯，见不得生离死别，只觉得太沉重、太压抑。这是圆文化的魅力所在，也是它的迷人之处。诗意语文课堂也将这种文化吸收进来，形成了别具特色的圆环式结构。请看以下课例。

课堂开始：

师：同学们，上课！

生：老师好！

师：同学们好，请坐。今天我们学习的是《归园田居》。南朝的钟嵘说"陶渊明是古今隐逸诗人之宗"，同学们能不能解释一下什么是隐逸诗人之宗呢？

……

课堂结尾：

师：元好问大才子说了，怎么说陶渊明呀？其实这个说法和在座的同学们又是多么相同，全班齐读——

生：一语天然万古新，豪华落尽见真淳。

师：那份新，那份真淳，大家回味回味。南宋还有一个爱国词人叫辛弃疾，他特别喜欢用典，他的词几乎句句用典，我本以为他不会喜欢陶渊明的，但是他对陶诗爱不释手。他对陶诗如何评价？全班齐读——

生： 千载后，百篇存，更无一字不清真。

师： 那份清真，那份质朴，那份真实，那份真诚。我们对生命能报以真诚吗？我们对文学能报以真诚吗？如果能，我们就能接近陶渊明。还有袁行霈，是当代著名的诗词鉴赏家，他又是怎么评价陶渊明的呢？男孩子们读上联，女孩子们读下联——

生（男）： 质而绮，真且醇，自可传之千古。

生（女）： 樽中酒，篱下菊，岂甘了此一生。

师： 好的。孩子们能不能给陶渊明写一段话？哪怕一句话也可以。一分钟准备时间。

……

——董一菲《归园田居（其一）》教学实录

在这个课例中，董一菲老师用一个"评"字将课堂首尾连在了一起，由开始引用南朝钟嵘对陶渊明的评价到结尾处引用元好问、辛弃疾、袁行霈等人对陶渊明的评价，最后让学生对陶渊明进行评价。整节课首尾遥相呼应，浑然一体，不可分割，不但在知识训练上进行了强化，更在形式上给人以美的享受，增加了课堂的魅力。

4.鸳鸯绣了从教看，再把金针度与人

自读课的教学不同于教读课，知识的传授固然重要，但更重要的是教会学生读书的方法。叶圣陶先生曾说"教是为了不教"，教师如果能够利用有限的几节自读课教会学生自读的方法，使学生在下课之后能够运用这些方法进一步走进知识的殿堂，那便可以说是教学的成功了。正所谓授人以鱼不如授人以渔，注重阅读方法的培养，注重整体的把握和局部的钻研，这些行之有效的自读方法在诗意语文的课堂上得到了很好的渗透。

如董一菲老师在《朝花夕拾》整本书导读课上，带领学生从讨论题目

入手，然后看目录，进而看具体篇目，从对其中一个文本的研读，最后引到了对主题的探讨上。这一过程看似无心，实则有意，教师通过这样一节课实际上教给了学生阅读散文集的方法。什么方法呢？就是要关注文本的题目、结构编排、具体篇目、文字背后的情感和作者。通过这样的方法，学生才能真正读懂《朝花夕拾》这一本书，知道散文集这类文本应该如何去阅读，需要关注些什么，需要读到些什么。

再如在《平凡的世界》整本书导读课上，董一菲老师在课堂上带领学生探讨了"谁是主人公""小说的结构""寻找最动人的细节"三个大问题，学生在回答这些问题、分享自己的阅读感悟的同时，也就学会了阅读小说的基本要点。对文中主要人物的关注、对小说结构的关注、对具体细节的关注，不正是阅读一般小说的基本方法吗？

语文的天地太过宽广，上到天地日月，下到江海湖泊，普通的世间百态，蝼蚁黄雀，都是它所描写的对象。这本是一幅诗意盎然的优美画卷，却因为一些其他因素，渐渐变得不和谐起来。唯分数者有之，唯实用者有之，唯变通者亦有之，曾经蕴含大学问、大根基的语文，一时间似乎变得无足轻重起来。

可我们应该知道，这不是语文的本来面目。很多时候，我们之所以觉得前方的道路一片黑暗，或许是我们迷失了本来的方向；很多时候，我们之所以觉得语文枯燥无味，或许是我们禁锢了它新鲜有趣的灵魂。真正的语文，应该是诗意的，充满着一切的可能和不可能，充满着一切的想象和未知，充满着一切的否定和肯定。当年毛泽东在橘子洲头说："看万山红遍，层林尽染。"语文的世界，正应该是这样多姿多彩、绚烂无比。在这条前进的路上，诗意语文人正在潜心探索，砥砺前行，力求走出一条"鹰击长空"的语文之路。为此，我们正在不懈地努力着！

（张远超：就职于陕西省安康中学高新校区，诗意语文工作室"悦读经典"栏目编辑）